Giorgio Bouchard

Was Barack Obama glaubt

Sein spiritueller Weg –
Seine Visionen

mit einem Geleitwort von Bartolo Gariglio

aus dem Italienischen übersetzt
von Agrippina Bellardita

neukirchener
aussaat

Giorgio Bouchard ist waldensischer Pfarrer. Von 1962-71 war er Herausgeber der Zeitschrift „Gioventù evangelica" (Evangelische Jugend). Er ist Gründungsmitglied der Gemeinschaft „Iacopo Lombardini" in Cinisello Balsamo bei Mailand (1966-79), Präsident der waldensischen Kirchenleitung und von 1988-94 war er Vorsitzender des Evangelischen Kirchenverbandes in Italien.

Bartolo Gariglio ist Professor für zeitgenössische Geschichte an der Fakultät für Politikwissenschaften der Universität Turin und Vizerektor der Abteilung Geschichte der Universität Turin.

Alle Bibelstellen stammen aus der Lutherbibel, revidierter Text 1984, durchgesehene Ausgabe in neuer Rechtschreibung © 1999 Deutsche Bibelgesellschaft, Stuttgart.

Die italienische Originalausgabe ist unter dem Titel „La Fede Di Barack Obama – Quando la religione non è oppio" erschienen © Claudiana srl 2009, Via San Pio V 15 – 10125 Torino

Bibliografische Information der Deutschen Nationalbibliothek

Die Deutsche Nationalbibliothek verzeichnet diese Publikation in der Deutschen Nationalbibliografie. Detaillierte bibliografische Daten sind im Internet über http://dnb.d-nb.de abrufbar.

© 2010 Neukirchener Verlagsgesellschaft mbH, Neukirchen-Vluyn
Alle Rechte vorbehalten
Umschlaggestaltung: Andreas Sonnhüter, Düsseldorf
unter Verwendung eines Bildes von © Corbis
Lektorat: Lea Hoffmann-Lohse
DTP: Breklumer Print-Service, Breklum
Verwendete Schriften: Optima, Sabon
Produktion: GMP, Köln
Printed in Poland
ISBN 978-3-7615-5781-5

www.neukirchener-verlage.de

Für Piera,
die mich während der Arbeit an diesem Buch
mit liebevoller Ironie ertragen hat.

INHALT

GELEITWORT

von Bartolo Gariglio

Bereits in den 1830er Jahren hat Alexis De Tocqueville in seinem berühmten Werk *De la démocratie en Amérique* das spontane Bündnis zwischen Religion und Demokratie in Amerika hervorgehoben. Die Beziehung zwischen Religion und Staat, so Tocqueville, hatte einen Vermittler: die Ethik.

Das religiöse Leben in seinen verschiedenen Formen war die Grundlage für das moralische Verhalten der Bewohner des Landes und machte es lebendig. Dies wiederum spiegelte sich, fast selbstverständlich, auch in der politischen Dialektik wider. Es gab zwar eine Beziehung zwischen Religion und Staat, aber keine unmittelbare. Die ethischen Erfahrungen der Menschen und des Volkes als Ganzes agierten als vermittelndes Element. Der Staat war strikt konfessionslos, doch Religion als eine nicht durch Konfessionen definierte Größe wurde unter anderem als Ursprung des demokratischen Lebens anerkannt. Diese Tatsache trifft immer noch zu, auch wenn sie – wie wir später feststellen werden – jüngst von bestimmten religiösen Strömungen in den USA bestritten wird. Sie ist ein wichtiges Element, das zum besseren Verständnis dieses schönen Werks, das Bouchard Barack Obama gewidmet hat, beiträgt.

In Amerika waren die Legitimation der Staatsgewalt durch die Religion und priesterliche Tendenzen, wie sie vor allem in katholischen Ländern vorzufinden sind, nicht weit verbreitet. Anders als in Europa gab es in Amerika weder Staatskirchen noch die Nostalgie nach einem christlichen Staat und es waren unter anderem diese Elemente, die – fast als eine Art Reaktion – eine schrittweise Verbreitung stark säkularisierender Tendenzen auf unserem Kontinent begünstigt haben.

Daher scheint Europa nun „die Ausnahme" zu sein, die daran gehindert ist, den Aufschwung des Heiligen in vollem Umfang mitzuerleben, der für andere Kontinente hingegen kennzeichnend ist, Nordamerika inbegriffen.

Auf der anderen Seite darf diese „Revanche der Religionen" nicht zu übermäßiger Begeisterung verführen, da sie auch sehr gegensätzliche Phänomene hervorgebracht hat: Universalistische Tendenzen (die Anschauung, dass die Menschheit ein gemeinsames Schicksal teilt, das Engagement für den Umweltschutz usw.) treffen hier auf stark identitätsbezogene Tendenzen, welche zur Verbreitung verschiedener Formen von Fundamentalismus führen, die anderen Religionen oder religiösen Gruppierungen gegenüber intolerant sind. Und so haben in den letzten Jahren ethnisch-religiöse Konflikte auf der ganzen Welt (im ehemaligen Jugoslawien, in Indien, Afrika, im Nahen Osten, in vielen islamischen Ländern, Indonesien und der Russischen Föderation) unsere Erde erneut mit Blut getränkt. Die Verbreitung dieser Konflikte lässt sich nur sehr schwer eindämmen und stellt somit eine ernsthafte Gefahr für den Frieden in der Welt und sogar für die gesamte Menschheit dar.

Hinzu kommt, dass Religion in zahlreichen Ländern zunehmend als politisches Mittel missbraucht wird, und zwar von Parteien, denen jeder Bezug zur Religion fehlt.

Dennoch haben sie in der Verteidigung von Religion und deren Werten die einmalige Chance erkannt, die Gunst der Wähler in einer Zeit zu gewinnen, die von kulturellen und ethischen Spaltungen sowie Identitätsproblemen geprägt ist.

Enzo Bianchi, Prior der ökumenischen Gemeinschaft des Klosters Bose, hat in seinem kürzlich erschienenen Buch *Per un etica condivisa* (Für eine gemeinsame Ethik) folgenden Gedanken zum Ausdruck gebracht: „Für diejenigen, die sich für den Dialog zwischen Christen und Andersgläubigen, zwischen Katholiken und ‚Laien' einsetzen", für jene, „die an eine Form des Dialogs glauben, die sich darum bemüht, den anderen nicht zu verachten, sondern ihm in Demut zu begegnen, sind dies – um es mit den Worten der Bibel auszudrücken – ‚böse Tage'".[1] Und er fügt hinzu: „Wir ernten gerade das, was wir in den Jahren gegenseitigen Nichtzuhörens und der Verteufelung des Gegenübers, der Streitigkeiten und Missverständnisse, der ‚Abdrift ins Sektiererische' gesät haben."[2]

Giorgio Bouchard zeigt in seinem Buch auf sehr überzeugende Weise, dass die Politik des neuen Präsidenten der Vereinigten Staaten von Amerika sehr stark mit seinen religiösen Überzeugungen verwoben ist, ja sogar von ihnen abhängt. Dies wurde von gewissen Experten in Italien und Europa, deren Meinung zu stark von säkularisierenden Tendenzen beeinflusst ist, übersehen, wenn nicht sogar abgestritten.

Barack Obama ist sich der Widersprüche, die die religiösen Welten unserer Zeit kennzeichnen, bewusst und ist ihnen zum einen auf einer biografischen und existentiellen Ebene und zum anderen auf der Ebene der religiösen und politischen Überlegungen begegnet.

Er wuchs als Sohn einer nichtgläubigen Mutter auf, die „jedoch allen Werten des amerikanischen Mittleren Westens treu geblieben war: Integrität, Verantwortungsbewusstsein, Strenge, aber auch Toleranz. Werte, die sie auch ihrem Sohn vermittelt hat".[3] In seiner Kindheit besuchte Barack mit seinem muslimischen Stiefvater regelmäßig die Moschee, wurde jedoch von der Mutter, die eine übermäßig islamische Be-

---

[1] Enzo Bianchi: *Per un'etica condivisa*. Einaudi, Turin 2009, S. 3.
[2] Ebd., S. 22.
[3] Vgl. in diesem Buch S. 20.

einflussung ihres Sohnes befürchtete, zwei Jahre lang auf eine katholische Schule geschickt. Seine Mutter brachte ihn dazu, die heiligen Schriften der großen Religionen zu lesen – die Bibel, den Koran, die Bhagavad Gita, die langen Lehrreden des Buddha –, denn als Anthropologin war sie der Meinung, dass diese große kulturelle Bedeutung besitzen. Obama ist also bereits während seiner Kindheit und Jugend mit verschiedenen religiösen Richtungen in Berührung gekommen, ohne dass dies in ihm oder in den Menschen, die ihm nahe standen, einen Konflikt ausgelöst hätte.

Es folgten die Jahre des sozialen Engagements und ein langsamer, aber tief greifender Prozess der Annäherung an den Glauben, dem Obama 1985 im Alter von 24 Jahren durch seine Taufe und den Eintritt in die *Trinity United Church of Christ* eine entscheidende Richtung gab.

Um die religiöse Identität, die in Barack Obama heranreifte, nachvollziehen zu können, ist es erforderlich, einen Blick auf die verschiedenen Richtungen des amerikanischen Protestantismus zu werfen. Giorgio Bouchard ist Experte auf diesem Gebiet und beschäftigt sich in seinem Buch eingehend mit dieser Thematik, jedoch bleiben seine Ausführungen auch für den nicht fachkundigen Leser stets leicht verständlich.[4]

Die Kirche, der sich Obama anschließt, weist deutlich fortschrittliche Tendenzen auf und folgt einer klar definierten theologischen Linie, die in hohem Maße von Reinhold Niebuhr (1892-1971) beeinflusst wurde, ein *public intellectual*, aber auch ein international renommierter Theologe. Niebuhr, der von 1928-1960 eine Professur für Ethik und

---

[4] Diesem Thema hat sich Giorgio Bouchard unter anderem in seinem Buch *Chiese e movimenti evangelici del nostro tempo*. (Evangelische Kirchen und Bewegungen unserer Zeit) Claudiana, Turin 2006, gewidmet.

Religionsphilosophie am *Union Theological Seminary* in New York innehatte, beschäftigte sich in seinen Forschungen hauptsächlich mit Luther und den großen Reformatoren, vertiefte jedoch darüber hinaus auch die Gedanken des heiligen Augustinus und „knüpft damit an die puritanische Tradition des 17. Jahrhunderts an". Das Verständnis von Sünde (und Erbsünde), das er von Augustinus und den Reformatoren übernimmt, verleitet ihn jedoch nicht „zu jenem ernüchterten Pessimismus, der unter den Intellektuellen so weit verbreitet war und immer noch ist", merkt Bouchard an. Ganz im Gegenteil! Von ihm geht ein Impuls zum Handeln aus: „Die Fähigkeit des Menschen zur Gerechtigkeit", so schreibt der amerikanische Theologe, „macht die Demokratie möglich, seine natürliche Neigung zur Ungerechtigkeit macht sie hingegen notwendig."[5]

Die Politik Obamas ist von Niebuhrs „christlichem Realismus" geprägt, dem zufolge „den Tragödien der Geschichte nicht mit dem Aufstellen von Prinzipien begegnet werden kann. Auch können sie dadurch nicht überwunden werden, sondern einzig und allein durch Handeln". Dies ist also, im wahrsten Sinne, eine Form des Pragmatismus, der Werte zugrunde liegen und die die Fähigkeit zur konzeptuellen Einheit besitzt.

Inmitten des Kalten Krieges verfasste Niebuhr *The Irony of American History*, in der er mit augustinischem Nachdruck, fast wie in einer neuen *Civitas Dei*, die Missstände und die Widersprüche des „amerikanischen Reichs" anprangert. Der Massenmord an den Indianern, die Versklavung der Schwarzen, die Atombombe auf Hiroshima und sogar die Unterstützung der diktatorischen Regime, sofern sie antikommunistisch waren, wurden nicht als „Fehler" darge-

---

[5] Vgl. S. 48.

stellt, die in der amerikanischen Geschichte begangen wurden, sondern als „Sünden", die es zu bereuen galt, bevor man wieder auf den richtigen Weg gelangen konnte.

Pastor Jeremiah Wright, der entscheidend zu Obamas Bekehrung beigetragen hat, konnte ihm neben seiner Begeisterung für Niebuhr auch sein Interesse für die „Autoren der *Black Theology* vermitteln, vor allem für James Cone, dessen Buch *Black Theology and Black Power*[6] das Erbe von Malcom X, Martin Luther King und sogar Stokely Carmichael, dem ‚Extremisten der schwarzen Revolution', vereinte. Dieses Buch galt lange Zeit als die ‚Magna Charta' der Schwarzen Bewegung. Es handelte sich um eine wahre ‚Theologie der Befreiung', vergleichbar mit der, die zur gleichen Zeit in Lateinamerika entstand".

Und so identifizierte sich Obama, der stolz darauf war, ein Schwarzer zu sein, immer mehr mit der *Black Culture* und fühlte sich in jeder Hinsicht als *African American*, eingebunden in die geistliche und materielle Geschichte der schwarzen Bevölkerung.

Doch Obama, „der schwarze Aktivist", weiß sowohl mit Schwarzen als auch mit Weißen in den Dialog zu treten und zwar ohne Vorurteile, wie er bereits seit seiner Zeit als Chefredakteur der „Harvard Law Review", einer der prestigeträchtigsten rechtswissenschaftlichen Zeitschriften Amerikas, beweist.

Auf der religiösen Ebene ist Obama sehr offen: Er ist Christ, aber er glaubt nicht, dass „das Christentum der einzige Weg zu Gott" sei. Er liest regelmäßig in der Bibel und tut dies – so schreibt er – „in der Überzeugung, dass sie kein statischer Text, sondern das lebendige Wort Gottes ist", in dem es auch Platz für „neue Offenbarungen" gibt. Er ist für die

---

[6] James Cone: *Black Theology and Black Power*. Orbis Books, Maryknoll 1997.

rechtliche Anerkennung homosexueller Lebensgemeinschaften, wie auch die Kirche, der er angehört.

Barack Obama stellt sich jedoch auch dem Dialog mit den religiösen Fundamentalisten in seinem Land. Bouchard ist die Darstellung dieser Thematik hervorragend gelungen. Zunächst erklärt er, was genau unter Fundamentalismus im amerikanischen Protestantismus zu verstehen ist, und grenzt ihn vom fanatischen Integralismus ab. Dieser entstand vor ungefähr einem Jahrhundert in Princeton als Reaktion auf jenen „liberalen Protestantismus", der dazu tendierte, die großen christlichen Dogmen zu relativieren, und nur an einigen fundamentalen Aussagen festhielt, an denen es nichts zu relativieren gab: Gott ist der Schöpfer, der Mensch ist Sünder, die Propheten haben die Erlösung verkündet, Jesus Christus hat die Verheißung durch den Tod am Kreuz und die Auferstehung erfüllt und wird in Herrlichkeit wiederkommen, wenn Gott sein ewiges Reich vollenden wird. Dem fügten die Fundamentalisten noch die Überzeugung hinzu, die Bibel enthalte nicht bloß das Wort Gottes, sondern sie *sei* das Wort Gottes und nannten dies die „Unfehlbarkeit der Schrift": „Diese letzte Aussage", schreibt der Autor weiterhin, „hat oft zu einer übermäßigen Strenge und Unnachgiebigkeit geführt, jedoch niemals moralistische Programme hervorgebracht. Die unbestreitbare moralische Dekadenz in der amerikanischen Gesellschaft (und wahrhaftig nicht nur in der amerikanischen ...), gepaart mit dem massiven Relativismus der *radical-chic* Intellektuellen, hat evangelische Fundamentalisten oft dazu gebracht, die Republikaner zu wählen, die sich als Verteidiger der Familie und der *old time religion* (...), der Rechtschaffenheit, der ‚harten Arbeit' und der Loyalität gegenüber dem Vaterland darstellten."

Im Gegensatz zur Mehrheit der Liberalen nimmt Obama – wie bereits erwähnt wurde – den Fundamentalisten gegenüber eine offene Haltung des Dialogs an, solange die Trennung von Kirche und Staat gewährleistet ist, was einige Fundamentalisten, sowohl evangelische als auch katholische, gerne ändern würden. Für Obama gehört die Verbreitung des christlichen Glaubens nicht zu den Aufgaben des Staates. Es geht zum einen um den ersten Verfassungszusatz, zum anderen aber auch um die Freiheit der Kirchen. Die Väter der Verfassung wussten dies nur allzu gut und sie hatten die Erfahrungen der europäischen Kirchen vor Augen, die die Pilgerväter lange Zeit vor ihnen hinter sich gelassen hatten. Jeder „christliche" Staat, der der Kirche seine besondere Gunst erweist, verfolgt damit automatisch das Ziel, sie zu kontrollieren.

Die Öffentlichkeit, der so genannte *public square*, zeigt sich laut Obama den Stimmen der Gläubigen gegenüber nicht besonders offen. Zu viele Linksliberale behaupten hartnäckig (und nicht selten auch hochmütig), dass Religion nicht über das Privatleben der Menschen hinausgehen dürfe. Der amtierende Präsident hingegen ist der Meinung, dass Religion das Zusammenleben bereichert, solange sie von den einzelnen Mitgliedern und Gemeinden in die Gesellschaft hineingetragen wird und keinerlei Zwang seitens des Staates besteht, was sich schließlich durch die gesamte amerikanische Geschichte hindurch immer wieder bestätigt hat.

Wie bereits die großen politischen Denker des 18. und 19. Jahrhunderts ist auch Obama der Überzeugung, dass eine starke Demokratie einen „Überschuss" an ethischem Verhalten braucht, um langfristig existieren zu können, und dass diese „Reserven" an Ethik in seinem Land langsam aber sicher schwinden. Dementsprechend sind auch seine Ansichten zu Themen bezüglich öffentlicher und privater Moral besonders streng.

Durch diese Einstellung gewann er die Sympathie der Vertreter verschiedener Konfessionen, die – nach den enttäuschenden Erfahrungen mit Bush und den (Sex-) Skandalen, in die sogar herausragende Vertreter und glühende Anhänger des Fundamentalismus verwickelt waren – zu seinem Wahlsieg beigetragen haben.

Für Bouchard ist Obama kein postmoderner Christ, wie manch einer behauptet hat, sondern ein moderner. Sicherlich könnte seine Offenheit anderen Religionen gegenüber als postmodern bezeichnet werden, doch davon einmal abgesehen ist er als moderner Protestant zu betrachten. „Er verurteilt niemals die Aufklärer, sondern ehrt sie als Väter der Nation. Er behauptet sogar, dass der Unabhängigkeitserklärung (...) nur ein einziges historisches Dokument an Bedeutung gleichkomme, und zwar die 95 Thesen Luthers."[7]

Es ist schwer abzusehen, welche Auswirkungen Obamas modernes und dem Dialog gegenüber offenes Christentum auf ein religiöses Universum haben wird, das sich auf internationaler Ebene, wie wir bereits erleben mussten, in die entgegengesetzte Richtung zu bewegen scheint. Eines ist jedoch leicht vorauszusehen; und zwar, dass er sowohl in seiner Heimat als auch im Ausland auf heftigen Widerstand stoßen wird. Bleibt ihm nur zu wünschen, dass er seinen Jugendtraum verwirklichen kann: „Die Welt ein Stückchen besser zu verlassen, als er sie vorgefunden hat."

---

[7] Vgl. S. 88.

BARACK OBAMAS KINDHEIT UND JUGEND

Barack Obamas Herkunft

Barack Hussein Obama ist der erste Präsident der Vereinigten Staaten von Amerika, dessen Erziehung nicht in einem Umfeld stattgefunden hat, das die Amerikaner als „christliches Elternhaus" bezeichnen würden: Also eine Familie, die sonntags den Gottesdienst besucht, nach strengen sittlichen Regeln lebt (oder dies zumindest vorgibt), die Steuern bezahlt und in der Bibel liest (oder sie zumindest gut sichtbar im Bücherregal platziert hat).

Barack Obamas weiße Großeltern mütterlicherseits, Stanley und Madelyn Dunham, entsprachen ganz und gar nicht diesem Modell von Familie. Großvater Stanley, der in Kansas geboren wurde und aus einer frommen Baptistenfamilie stammte, konvertierte zur *Unitarian Universalist Church*[8], in der er nicht gehalten war, an Gott zu glauben.

---

[8] Das Wort „unitarisch" bezeichnet (seit Beginn des 19. Jahrhunderts) einen strengen Monotheismus, der das Dogma der Trinität ablehnt. Die Bewegung entstand als Antitrinitarismus während der Reformation, von der sie jedoch verurteilt wurde (und zwar auch im rechtlichen Sinne, man denke z. B. an die Hinrichtung Servets, der in Genf unter Calvin den Feuertod erlitt).

Nach der Ausgrenzung der Bewegung aus dem europäischen Kontinent wurde sie im 18. Jahrhundert unter dem Einfluss der Aufklärung in der angelsächsischen Welt zu neuem Leben erweckt. Im 19. Jahrhundert gehörte Ralph Waldo Emerson, ein amerikanischer Philosoph und Schriftsteller, der für seine undogmatische Religiösität bekannt war, zu ihren einflussreichsten Vertretern. Im 20. Jahrhundert öffnete sich die Bewegung verstärkt den östlichen Religionen und ihrem Namen wurde daher der Zusatz „universalistisch" hinzugefügt.

Tat man es aber doch, so reichte es vollkommen, die „Führungsposition" Jesu anzuerkennen – von einer Auferstehung war nicht einmal die Rede. Die Bibel wurde zwar verehrt, doch es schien angemessen, den heiligen Büchern der übrigen Weltreligionen (Buddhismus, Hinduismus, Taoismus, Islam und natürlich dem Talmud des Judentums) einen gleich hohen Stellenwert einzuräumen.

Stanley Dunham teilte diesen Universalismus und einmal versuchte er sogar, seine Frau Madelyn (die ihr Enkelsohn Barack Obama später liebevoll „Toot" nennt, was auf hawaiianisch „Großmutter" bedeutet) ebenfalls für diese Kirche zu gewinnen und bediente sich dafür einer typisch amerikanischen „Marketingstrategie": „Zahl einen – Nimm fünf!" Madelyn, die als Tochter von überzeugten Methodisten aufgewachsen war, jedoch nur an den praktischen Aspekten des Glaubens interessiert war, antwortete entsetzt: „Den eigenen Glauben sucht man sich nicht wie eine Ware im Supermarkt aus!" Stanley war jedenfalls damit einverstanden, dass zu Hause (unter anderem) auch die Bibel gelesen wurde. Wahrscheinlich stammen daher auch die fundierten Kenntnisse ihres Enkelsohnes über die Bibel, die er zum Zeitpunkt seiner Bekehrung besaß.

Das Leben von Stanley und Madelyn verlief jedoch alles andere als unkompliziert. Als mustergültige Kinder des Mittleren Westens hatten sie dessen Werte verinnerlicht und gaben diese auch an ihre Tochter weiter: Sag, was du meinst, und meine, was du sagst (*Say what you mean and mean what you say*), arbeite hart und achte deinen Nächsten. Beide waren stolz darauf, dass unter ihren Vorfahren auch Anhänger der Sklavenbefreiung waren. Einer von ihnen wurde im amerikanischen Bürgerkrieg, der in der Befreiung der Sklaven mündete, sogar mit einem Orden ausgezeichnet. Madelyn war außerdem stolz darauf, dass in ihren Adern auch das Blut der *Cherokee*-Indianer floss. Beide stimmten

1968 für Nixon, doch dies hielt sie dennoch nicht davon ab, überzeugte Liberale zu sein.

Dieser Prinzipientreue entsprach jedoch keine Stabilität in ihrem Leben. Stanley liebte die Jazzmusik und die Poesie. 1941 meldete er sich als Freiwilliger und diente unter General Patton, dem Mann, der die US Army bis nach Deutschland führte. Nach seiner Rückkehr aus dem Krieg konnte er dank der „G.I. Bill", einem Gesetz, das jedem ehemaligen Soldaten Universitätszugang und ein Stipendium zusicherte, ein Studium aufnehmen.

Eine unabhängige junge Frau

Doch Stanley, ein Handelsreisender, empfand das Leben in Kansas als unbefriedigend. Er wechselte mehrmals seinen Wohnort: Kalifornien, Texas, Seattle (im Bundesstaat Washington) und schließlich Honolulu auf der Inselgruppe Hawaii, dem multikulturellsten Bundesstaat der Vereinigten Staaten. Stanley arbeitete weiterhin als *salesman*, als Händler; Madelyn hingegen wurde von einer Bank als Kassiererin eingestellt und verließ diese dreißig Jahre später als Vizedirektorin. In der Zwischenzeit wurde Ann (1941-1993) geboren, die Mutter von Barack Obama.

Ann hatte ihren eigenen Kopf (darin war sie ihren Eltern sehr ähnlich) und es zeigte sich recht früh, dass sie eine kluge junge Dame war, die Leidenschaft und Begabung zum Studieren besaß. Bereits in ihrer Jugend entschied sie sich für das Studium der kulturellen Anthropologie, ein Gebiet, auf dem sie sehr bald zur Expertin wurde. Doch ihre Interessen gingen weit darüber hinaus. Sie las zahlreiche Bücher über Philosophie, Literatur und Politik. Nachdem sie das Manifest von Marx und Engels gelesen hatte, begann sie, sich als Kommunistin zu bezeichnen, was unter ihren Schulfreundinnen für Empörung sorgte. Obwohl sie nicht in das kleinbürgerliche Schema der damaligen Zeit hineinpasste und als „junge Rebellin" galt, war Ann jedoch ebenfalls allen Werten des amerikanischen Mittleren Westens treu geblieben: Integrität, Verantwortungsbewusstsein, Strenge, aber auch Toleranz. Werte, die sie später ihrem Sohn vermittelte (und sie lehrte ihn auch, stolz darauf zu sein, ein *black*, ein Schwarzer zu sein). Viele Jahre später schrieb Barack Obama: „All das Gute, das in mir steckt, habe ich von ihr bekommen." Und es ist wahr.

Während ihres Studiums an der Universität von Honolulu lernte Ann Barack Obama Senior (1938-1982) kennen. Er war ein herausragender kenianischer Student, der dank der Kulturpolitik Kennedys ein Stipendium für ebendiese Universität erhalten hatte. Barack Obama Senior stammte aus einer muslimischen Familie, war jedoch selbst überzeugter Atheist. Beide belegten einen Russischkurs, was damals unter den eher unkritischen Linksliberalen durchaus üblich war, und lernten sich dort kennen. Sie verliebten sich ineinander und bekamen einen Sohn, der den Doppelnamen Barack Hussein erhielt, fast so, als wollten sie damit den kulturellen Hintergrund des Vaters unterstreichen.[9] Die Tatsache, dass Barack senior einen Sohn und eine schwangere Ehefrau in Kenia zurückgelassen hatte, hielt ihn nicht davon ab, Ann standesgemäß vor den Traualtar zu führen.[10] Ihre Eltern ak-

---

[9] *Barack* bedeutet auf Swahili (wie auch auf Arabisch und Hebräisch) „gesegnet" und war der Name eines hebräischen Feldherren (s. Buch der Richter, Kap. 4 und 5). Der Name *Hussein* hingegen stellt einen deutlichen Bezug zur arabisch-muslimischen Tradition her: Ein ägyptischer Sultan, ein arabischer Herrscher und ein jordanischer König trugen diesen Namen. *Obama* ist ein altes afrikanisches Wort und bedeutet „brennende Lanze".

[10] Es ist bekannt, dass Muslime bis zu vier Frauen heiraten dürfen.

zeptierten diese Ehe, ohne jedwede Einwände zu äußern, und dennoch wäre nur einige Jahre zuvor eine Mischehe in den Vereinigten Staaten undenkbar gewesen.[11]

Barack Obama wurde also 1961 als Sohn der Liebe geboren und erfuhr auch unendlich viel Liebe: Von der Mutter, die sich hingebungsvoll um ihn kümmerte, aber vor allem von seinen Großeltern, mit denen er sehr viel Zeit verbrachte und die ihn während des Studiums auch finanziell gemäß ihren Möglichkeiten unterstützten.[12] Auch sein Vater liebte ihn, doch seine Karriere schien ihm wichtiger zu sein. 1962 bekam er ein Stipendium für ein Studium an der Harvard University, der prestigereichsten Elite-Universität der Vereinigten Staaten (vielleicht sogar der ganzen Welt).

Er hatte jedoch wenig Geld und so ließ er seine Frau und Barack in Honolulu zurück. Er kehrte nie wieder zu ihnen zurück, um sie zu sich zu holen, und so endete die Ehe 1964 in einer Scheidung.

Wenige Jahre später heiratete Ann erneut, diesmal den Indonesier Lolo Soetoro. Er war kein strenggläubiger Muslim, sondern tendenziell eher synkretistisch. Auch dieses Mal stimmten Anns Eltern einer Ehe zu, aber schon bald kam für Lolo der Moment der Rückkehr in seine Heimat. Ann willig-

---

[11] Erst 1967 erklärte der Oberste Gerichtshof die Gesetze der Bundesstaaten, die Mischehen und die Zeugung sog. „Mulatten" (*mixgeneration*) verboten, als verfassungswidrig.

[12] Die beste Biografie, die über Barack Obama erschienen ist, ist unseres Wissens: David Mendell: *Obama. From Promise to Power* (Harper, New York 2008). Sehr aufschlussreich ist auch das Buch, das Barack Obama selbst verfasst hat: *Ein amerikanischer Traum. Die Geschichte meiner Familie* (dtv, München 2008). Es endet allerdings in dem Augenblick, in dem er nach seinem Besuch in Kenia die Stadtteilarbeit in Chicago beendet und sich nach Harvard aufmacht, um dort sein Studium aufzunehmen. Weitere Informationen über Barack Obama, die jedoch nicht immer aus zuverlässigen Quellen stammen, sind heutzutage fast überall zu finden.

te ein, ihm nach Jakarta zu folgen, wo 1970 Maya geboren wurde, Baracks jüngere Schwester, zu der er immer eine sehr enge Beziehung hatte.

Ein multireligiöses Umfeld

Lolo Soetoro war offiziell als Moslem registriert und so auch Barack Obama. Hin und wieder ging sein Stiefvater freitags mit ihm in die Moschee, was den kleinen Jungen aber noch nicht zum Moslem machte. Angesehene Theologen behaupten nämlich, dass man im Islam noch nicht von Bekehrung sprechen kann, wenn das Kind die Pubertät nicht erreicht hat und Barack war gerade einmal sechs Jahre alt. Um zu verhindern, dass Barack zu stark vom Islam beeinflusst wurde, schickte ihn seine Mutter zwei Jahre lang auf eine Schule, die von Nonnen geleitet wurde. Der Junge lernte somit Gebete wie das Vaterunser, das Gegrüßet seist Du Maria und kam mit verschiedenen Elementen des katholischen Glaubens in Berührung. Aufgrund eines Wohnortwechsels mussten die Soetoros ihren Sohn für weitere zwei Jahre auf eine staatliche Schule schicken, in der das Koranstudium obligatorisch war (zwei Stunden in der Woche).

Ohne es zu wollen, legten sie damit die Grundlage einer religiösen Bildung, die ihm später als Präsident der mächtigsten Nation der Welt äußerst dienlich sein würde. Baracks Mutter war mit dieser Situation jedoch nicht zufrieden. Sie befürchtete, ihr Sohn würde zu sehr in ein Umfeld eingebunden, das sich erheblich von dem unterschied, in das er hineingeboren war. Mit einer Einstellung, die man als typisch für die *Yankees* bezeichnen könnte, beschloss sie, jeden Morgen noch vor vier Uhr aufzustehen, um Barack drei Stunden lang in der englischen Sprache und der amerikanischen Geschichte – ganz besonders der afro-amerikanischen

Geschichte – zu unterrichten: Sie erzählte ihm von berühmten schwarzen Persönlichkeiten, wie z. B. dem Schauspieler Sidney Poitiers, dem Richter des Obersten Gerichtshofs Thurgood Marshall, der Sängerin Mahalia Jackson. Vor allem aber spielte sie ihrem Sohn die Aufzeichnungen der Reden von Martin Luther King vor und las mit ihm *Die Autobiographie* von Malcolm X. Dabei legte sie besonderen Wert darauf, ihrem Sohn vor Augen zu führen, dass beide Autoren ermordet wurden. Nach den drei Unterrichtsstunden frühstückten sie (natürlich war es ein amerikanisches Frühstück), danach ging Barack in die Schule und seine Mutter in die amerikanische Botschaft, für die sie arbeitete. An den Tagen, an denen die Schule geschlossen war, nahm Ann ihren Sohn mit in die Botschaft. Dort stand eine große Bibliothek und der junge Barack begann schon sehr früh, das „Life Magazine", die meinungsbildende Zeitschrift Amerikas, regelmäßig zu lesen.

Doch das genügte seiner Mutter noch nicht. Sie war erschüttert über die verbreitete Armut und die Gewaltbereitschaft, die in der indonesischen Gesellschaft immer weiter stieg. Einen weiteren Grund zur Sorge stellte der äußerst niedrige Bildungsstandard an den Schulen dar, was sie im Jahr 1971 schließlich dazu veranlasste, Barack zurück nach Honolulu zu schicken und dabei auf Unterstützung durch die Großeltern zu hoffen. Und auf diese konnte sie auch voll und ganz zählen. Stanley und Madelyn suchten eine Schule für Barack aus und waren bereit, ihren Lebensstandard zu senken, um die Schulgebühr bezahlen zu können.

Worauf sie aber niemals verzichteten, war, Zeit mit ihrem Enkelsohn zu verbringen, bei dem sich schon sehr früh zeigte, dass er überdurchschnittlich klug war. Einmal fragte seine Großmutter ihn: „Was möchtest du tun, wenn du groß bist?" Seine Antwort ließ keinerlei Raum für Zweifel: „Ich möchte die Welt ein wenig besser verlassen, als ich sie vorgefunden habe." In diesen Worten erkennen wir bereits den Obama, den wir noch oft treffen werden: Eine Mischung aus Ehrgeiz und Bereitschaft für den Dienst an den Mitmenschen, aus Idealismus und Pragmatismus.

Das Bücherregal

Es verging nicht viel Zeit und seine Mutter folgte ihm. Sie hatte sich von Lolo scheiden lassen und Baracks jüngere Halbschwester Maya mitgenommen, die in Jakarta geboren war. Ann kehrte jedoch ab und zu nach Indonesien zurück, um dort Feldstudien durchzuführen. Da sich diese Aufenthalte immer über einen längeren Zeitraum hinweg zogen, wollte sie, dass Barack sie begleitete, doch er weigerte sich. Er hatte keine Lust, ständig zwischen den Ozeanen zu pendeln, und auch seine Großeltern unterstützten die Entscheidung ihres Enkelsohnes, bei ihnen zu bleiben.

Trotz ihrer vielen Reisen fand Ann die Zeit, in ihrem Sohn die Werte, die sie ihm in Indonesien eingeschärft hatte, immer wieder zu festigen. Und sie fügte sogar noch etwas hinzu; obwohl sie selbst nicht religiös war, zeigte sie Barack ein Bücherregal, in dem die heiligen Bücher der großen Weltreligionen standen: die Bibel, der Koran, die Bhagavad Gita, die langen Reden des Buddha usw. Sie sagte zu ihm: „Du musst diese Schriften lesen, weil sie von großer kultureller Bedeutung sind und ein wichtiger Bestandteil deiner Allgemeinbildung."

Barack strengte sich in der Schule an und versuchte, Anschluss zu seinen Klassenkameraden zu finden, aber es wollte ihm nicht so recht gelingen. Und dafür gab es nur einen einzigen Grund: Für seine Mitschüler (und vor allem für seine Mitschüler*innen*, die ihn immer mehr interessierten) war er anders, er war ein Schwarzer. Jede Freundschaft (oder jeder kleine Flirt) mit ihm hatte eine Grenze: den unterbewussten Rassismus vieler Weißer, auch der sogenannten Progressisten.

Barack ging mal besser, mal schlechter mit dieser Situation um: Er wurde ein ausgezeichneter Basketballspieler, ein Sport, in dem Schwarze ganz besonders hervorragten. Er las die Bücher der großen schwarzen Autoren und die der weißen Vertreter der Bürgerrechtsbewegung und machte sich mit den Schriften von Malcolm X, Richard Wright, James Baldwin und William Edward Burghardt Du Bois vertraut. Außerdem beschäftigte er sich mit Protestanten wie Sören Kierkegaard, aber auch mit ausdrücklich „weltlichen" Autoren wie Jean-Paul Sartre und dem Amerikaner Henry Louis Mencken, für den Richard Wright eine besondere Vorliebe hatte[13].

Der Kulturschock

Die kulturelle Entheiligung der amerikanischen Mythen reichte ihm jedoch nicht, und so begann auch für ihn die klassische Abdrift in Alkohol und Drogen, wie sie für viele amerikanische Jugendliche seines Alters typisch war (Marihuana und Kokain, jedoch *kein* Heroin) und außerdem hatte er nur noch Mädchen im Kopf. Natürlich litten seine schulischen Leistungen sehr darunter, doch genau zu diesem Zeitpunkt, kurz vor seinem Abschluss an der High School, kehrte seine Mutter aus Indonesien zurück und wusch ihm gründlich den Kopf: „Du hast weiß Gott genug Grips, um

---

[13] Menckens Humanismus hatte ihn jedoch nicht davor bewahrt, bei der Beurteilung von Hitlers *Mein Kampf* einen gehörigen Bock zu schießen.

ein Studium an einer guten Universität erfolgreich zu absolvieren, aber du musst dich mehr anstrengen!" Barack nahm sich die Standpauke seiner Mutter zu Herzen und schrieb sich 1979 in Los Angeles am Occidental College ein. Dort erwartete ihn nicht nur ein Stipendium, sondern auch eine hübsche junge Frau, die er zufällig kennengelernt hatte.

Für jemanden, der in Hawaii aufgewachsen war, kam die Erfahrung des Studentenlebens in Kalifornien Ende der wilden 70er Jahre einem Kulturschock gleich: Auf dem College gab es sehr viele Schwarze und Kinder mexikanischer Einwanderer (*Chicanos*). Vor allem aber bezeichneten sich viele Studenten (und auch einige Professoren) als Marxisten und die große Mehrheit der Studentinnen waren aktive Feministinnen. In einem Punkt waren sich alle einig: Man musste den Kampf gegen die südafrikanische Apartheid nach Kräften unterstützen. Obama gelang es sogar, eine Konferenz mit einem Mitglied des African National Congress (ANC) zu organisieren. Nelson Mandela saß zu jener Zeit bereits seit siebzehn Jahren im Gefängnis.[14]

Am wichtigsten war jedoch die Tatsache, dass Barack gezwungen war, sich eingehend mit der *black culture* auseinanderzusetzen, jener afroamerikanischen Kultur, der er sich intuitiv zugehörig fühlte. Er trat der *Black Student Alliance* bei und wurde ein schwarzer Aktivist. Doch plötzlich passierte etwas, das er nicht hätte vorhersehen können: Regina, eine afroamerikanische junge Frau, erzählte ihm von den Kirchen der Schwarzen in der South Side von Chicago und von deren enormer kultureller und sozialer Bedeutung. Und

---

[14] Für eine nähere Betrachtung der Beziehung zwischen Mandela und den Afroamerikanern verweise ich auf Giorgio Bouchard: *Evangelici nella tormenta. Testimonianze dal „secolo breve".* (Evangelikale in großer Bedrängnis. Zeugen des „kurzen Jahrhunderts") Claudiana, Turin 2009, S. 23, 25, 27, 103, 106.

so bahnte sich die South Side langsam ihren Weg in sein Schicksal (oder, wenn wir so wollen, in seine ethisch-politische Berufung). Später sagte er selbst dazu: „Diese Begegnung hat mein Leben verändert."

New York, New York!

Obama verbrachte zwei Jahre am Occidental College und beschloss dann 1981 – auch diesmal dank eines Stipendiums (und der Unterstützung durch seine Großeltern) – zur Columbia University in New York zu wechseln. Dort erwartete ihn ein weiterer Kulturschock. Der Unterricht war ausgezeichnet und er schaffte es mühelos, 1983 sein Studium der Politikwissenschaften mit dem Titel *Bachelor of Arts* abzuschließen. Doch irgendetwas quälte ihn und er fühlte sich allein. Er hatte aufgehört, Drogen zu nehmen, lief jeden Tag fünf Kilometer und las außerdem viel: vor allem die Bibel, aber auch Mahatma Gandhi, Martin Luther King, Friedrich Nietzsche, Herman Melville, die afroamerikanische Nobelpreisträgerin Toni Morrison und unzählige andere.

Er wohnte in der Nähe des heruntergekommenen Viertels Harlem, das im Leben Dietrich Bonhoeffers eine so wichtige Rolle spielte. Manchmal hörte er sich die Predigten von Jesse Jackson an, dem politischen Erben Martin Luther Kings, und ganz besonders auch die von Al Sharpton, ebenfalls ein bedeutender schwarzer Bürgerrechtler sowie Pastor der *Abyssinian Baptist Church*. Barack Obama fühlte sich wie von der melancholischen Sanftheit der Gospellieder getragen, doch er verspürte ein Gefühl der Zugehörigkeit und der Nichtzugehörigkeit zugleich. Und so wurde jenes Gefühl immer stärker, welches bereits in Los Angeles in ihm aufgekommen war: „Ich brauchte eine Community, die tiefer ging als die übliche Verzweiflung (...) Ein Ort, wo ich heimisch werden und mich ernsthaft engagieren konnte."[15]

Obama machte ein hervorragendes Examen und bekam daraufhin viele verlockende Jobangebote, von denen er das von der *Business International Corporation* annahm. Seine Aufgabe war es, von seinem New Yorker Büro aus Wirtschaftsmeldungen der Nachrichtenagenturen aus aller Welt zu prüfen. Er hatte nun etwas mehr Geld auf dem Konto, zog in eine bessere Wohnung und konnte sich ein Auto leisten. Doch sein Herz war unruhig. Um es zu beruhigen, arbeitete er ehrenamtlich in den Stadtteilen Harlem und Brooklyn, in denen die Kirchen sich engagierten. Doch das reichte nicht, um sein Gewissen zu besänftigen: „Wenn ich nachts im Bett lag, [sah ich] Bilder der Bürgerrechtsbewegung: Mitglieder des SNCC (*Student Nonviolent Coordinating Committee)*, den gewaltlosen Widerstand, die *Sit-Ins*, die Eintragung der Schwarzen in die Wahlregister. Für mich waren diese Bilder wie ein Gebet. Sie zeigten mir (...), dass ich nicht allein war in meinen Kämpfen (...)."[16]

Dieser Kampf forderte jedoch auf der persönlichen Ebene einen sehr hohen Tribut. Ein Jahr lang führte er eine Beziehung mit einer jungen weißen Frau, bis er eines Tages ihre Einladung annahm, sie in ihrem Haus auf dem Land zu besuchen: „Mir wurde bewusst, dass ich in ihre Welt ziehen müsste, wenn wir zusammen leben wollten." Mit anderen Worten: Ein vollständig in die weiße Gesellschaft assimilier-

---

[15] Obama, *Ein amerikanischer Traum*, S. 129.
[16] Ebd., S. 148. Die Worte *SNCC, Sit-In* und *Bürgerrechte* beziehen sich alle auf die große Bewegung, die von Martin Luther King in den fünziger und sechziger Jahren angeführt wurde. Vgl. Paolo Naso: *Come una città sulla collina. La tradizione puritana e il movimento per i diritti civili negli USA.* (Wie eine Stadt auf dem Berg. Die puritanische Tradition und die Bürgerrechtsbewegung in den USA) Claudiana, Turin 2008.

ter Schwarzer werden, die Geschichte seines Volkes vergessen (oder leugnen). Doch dazu war er nicht bereit und er beendete die Beziehung. Die Trennung war für beide sehr schmerzhaft.

Die Berufung

Während Obama diese persönliche Krise durchmachte, befanden sich auch die Vereinigten Staaten an einem beunruhigenden Punkt in ihrer Geschichte. Es waren die Jahre Reagans, mit all ihren Politik- und Finanzskandalen. Die Atmosphäre im gesamten Land war von Konformismus durchdrungen, angefangen beim Parlament.

Ein Anruf aus Chicago im Jahr 1984 sollte diesen Moment des Stillstands in Barack Obamas Leben durchbrechen. Er wurde von einem Sozialarbeiter der *Calumet Community Religious Conference* kontaktiert, einer Organisation, die mit 28 Kirchen unterschiedlicher Denominationen zusammenarbeitet: mit der katholischen, baptistischen und methodistischen Kirche und mit der *United Church of Christ*. Auf diese protestantische Denomination werden wir später noch genauer eingehen. Wichtig ist, dass dieser Zusammenschluss der Kirchen ihn darum bat, in einem der heruntergekommensten Viertel der Stadt, der South Side, als *community organizer* zu arbeiten (d. h. als Sozialarbeiter, aber auf höherem politischen Niveau). In diesem Viertel lebten hauptsächlich Schwarze, fast am Rande der Gesellschaft. Es war genau die South Side, von der Regina ihm am Occidental College erzählt hatte.

Seine Arbeit – oder besser gesagt, seine Herkulesaufgabe – bestand darin, Afroamerikaner dazu zu motivieren, ihr Schicksal selbst in die Hand zu nehmen. Dies wiederum bedeutete, Projekte ins Leben zu rufen, soziale Reformen durchzusetzen, die katastrophalen Zustände an den Schulen zu verbessern, die Jugendlichen miteinzubeziehen und sie dazu zu bewegen, sich ernsthaft für ihr Viertel zu engagieren.

Barack Obama, der tatkräftige Unterstützung von Wilbur Milton, dem Diakon der katholischen Gemeinde, sowie von einigen Pastoren und vielen Frauen erhielt, stürzte sich sofort in die Stadtteilarbeit, doch was er dort erlebte, war ziemlich frustrierend. Die South Side befand sich in einem erbärmlichen Zustand: Die Hälfte der Kinder hatte noch nie ihren Vater gesehen und zudem waren die meisten Mütter fast selbst noch Kinder. Alkohol, Drogen und Gewalt waren an der Tagesordnung. Alle Initiativen, die Obama ins Leben rufen wollte, drohten aufgrund der Passivität der Bevölkerung, die sich mit ihrem Schicksal abgefunden hatte, im Sand zu verlaufen. Doch auch die zynischen Politiker Chicagos, die nur darauf bedacht waren, die Stimmen der Schwarzen zu erhalten und selten die Versprechen einhielten, die ihnen Obama bei den lebhaften und überfüllten Bürgerversammlungen entlocken konnte, waren ihm keine große Hilfe.

Trotz allem war die afroamerikanische Community nun zu seiner „spirituellen Heimat" geworden und dieses Gefühl der Zugehörigkeit wurde nach dem verfrühten Tod seines Vaters in Kenia immer stärker. Obama sah sich als „Sohn Afrikas" und dieser weit entfernte Vater war für ihn zu einer Heldenfigur geworden: „Es war das Bild meines Vaters (...), in das ich all die Eigenschaften packte, die ich selbst anstrebte: die Eigenschaften von Martin Luther King und Malcolm X, Walter Du Bois und Nelson Mandela."[17] Doch dieser Mythos war nun in sich zusammengebrochen.

Das einzige, was ihn tröstete, war, den spirituellen, kulturellen, sozialen und politischen Wert der schwarzen Kirchen jedweder Denomination zu entdecken. Die Pastoren

---

[17] Obama, *Ein amerikanischer Traum*, S. 232.

spendeten den Menschen nicht nur Trost; sie regten sie auch dazu an, zu handeln ohne sich entmutigen zu lassen. Sie waren die besten „Community organizers". Die ganze Sache hatte nur einen Haken: Obama kannte die Bibel sehr gut und er handelte als Christ – aber er bezeichnete sich nicht als solchen. Er war auch nicht getauft. Die Pastoren gaben nicht auf: „Hast du noch nichts von der *Frohen Botschaft* gehört?" (damit war die Botschaft Jesu Christi gemeint). Doch er wich ihnen aus. Irgendwann riss Pastor Philips der Geduldsfaden und er sagte zu ihm: „Versuch es mal bei der *Trinity United Church of Christ* – die haben einen hervorragenden Prediger. Vielleicht kann der dich überzeugen."

DIE TRINITY UNITED CHURCH OF CHRIST UND DER EINFLUSS REINHOLD NIEBUHRS

Eine kleine, aber feine Kirche

Es ist seltsam: Die *United Church of Christ* (*Trinity* ist eine Gemeinde innerhalb dieser Kirche) hat im Gegensatz zu den Baptisten, Methodisten und Pfingstlern nicht sehr viele schwarze Mitglieder. Ihre Geschichte ist jedoch bedeutend und kann sehr weit zurückverfolgt werden. Sie hat ihren Ursprung in den Gemeinden, die von den Puritanern (englische Calvinisten, die zwischen 1620 und 1630 auf den berühmten Schiffen *Mayflower* und *Arbella* die Küste Neuenglands erreichten) gegründet wurden. Die Basis der puritanischen Kirchen waren die lokalen Gemeinden und das Pastorentum. Man kann getrost sagen, dass diese calvinistischen Gemeinden die Wiege der amerikanischen Demokratie[18] gewesen sind, aber auch der unnachgiebigen Härte dieser Gesellschaft.

Aus diesen Kirchen sind im 17. Jahrhundert die ersten amerikanischen Geschichtswissenschaftler[19] hervorgegangen

---

[18] Vgl. hierzu die Ausführungen des großen atheistischen Geschichts- und Literaturwissenschaftlers Perry Miller: *The New England Mind. From Colony To Province*. Harvard University Press, 1953. Ich glaube, dass Michael Walzer (ebenfalls ein Atheist) in seinem Buch *The Revolution of the Saints: A Study in the Origins of Radical Politics*. Harvard Universiy Press, im Großen und Ganzen dieselbe Ansicht vertritt.

[19] Vgl. Giorgio Spini: *Autobiografia della giovane America*. (Autobiografie des jungen Amerika) Einaudi, Turin 1968, S. 289.

und im 18. Jahrhundert einer der größten Intellektuellen der gesamten amerikanischen Geschichte: der Pastor und Theologe Jonathan Edwards[20], unfreiwilliger Mitbegründer jenes *Great Awakening* („große Erweckung"), welches Mitte des 18. Jahrhunderts die „dreizehn Kolonien" prägte, die sich vierzig Jahre später zu den Vereinigten Staaten von Amerika zusammenschlossen.

Die puritanischen Gemeinden hatten – im Gegensatz zu ihren presbyterianischen „Verwandten" (Calvinisten schottischen Ursprungs) – keinerlei zentrales Leitungsorgan: keine Synode, keine Kirchenleitung. Jede Gemeinde (Kongregation) war vollkommen selbstständig, was dazu führte, dass sie ab dem 19. Jahrhundert als „Kongregationalisten" bezeichnet wurden. Sie leisteten einen großen Beitrag zum kulturellen und sozialen Leben der Vereinigten Staaten. Nach dem Zweiten Weltkrieg näherte sich ihnen eine Gruppe an, die zwar wesentlich schwächer, jedoch fest im Mittleren Westen verwurzelt war. Die *Evangelical and Reformed Church*, die von den Nachfahren deutscher Einwanderer – mit teils calvinistischem, teils lutherischem Hintergrund – gegründet wurde. Zu diesen Nachfahren zählen unter anderem zwei herausragende Persönlichkeiten: die Brüder Richard und Reinhold Niebuhr. Richard war Soziologe, Reinhold hingegen ein Theologe, der sehr bald zum wichtigsten *public intellectual* der Roosevelt-Ära wurde.[21]

---

[20] Vgl. Jonathan Edwards: *A History of the Work of Redemption.* Yale University Press, 1989 und George M. Mardsen: *Jonathan Edwards.* Yale University Press, New Haven/London 2003.
[21] Auf Reinhold Niebuhr werden wir auf den Seiten 42-54 noch einmal zu sprechen kommen. Für eine ausführliche Darstellung verweise ich auf Massimo Rubboli: *Politica e religione negli USA. Reinhold Niebuhr e il suo tempo.* (Politik und Religion in den USA. Reinhold Niebuhr und seine Zeit) Franco Angeli, Mailand 1986 .

Reinhold Niebuhr setzte sich für einen Zusammenschluss der *Evangelical and Reformed Church* und der kongregationalistischen Kirchen ein. Der Name, den man für diese Vereinigung wählte, war etwas außergewöhnlich (*United Church of Christ*), doch er ließ den ökumenischen Geist deutlich erkennen, der Niebuhr und seine Freunde zu dem Zusammenschluss bewogen hatte. Die neue Kirche, die 1957 aus zwei völlig unterschiedlichen geistlichen Familien hervorging, konnte sich einer Reihe von historisch bedeutenden Persönlichkeiten rühmen: Unter den Unterzeichnern der amerikanischen Unabhängigkeitserklärung 1776 waren elf „Kongegationalisten".

Die Position der Kirche nahm Schritt für Schritt immer *liberalere* Züge an: Die Kongregationalisten ordinierten 1785 als erste einen afroamerikanischen Pastor und 1853 eine Frau zur Pastorin. Eine Kirche also, die ihrer Zeit weit voraus war. Nach 1957 wurde die Kirche immer offener: 1972 wurde der erste homosexuelle Pastor ordiniert (im Jahr 2005 wurde die erste gleichgeschlechtliche Ehe geschlossen – ob dies nun als richtig oder falsch zu betrachten ist, sei dahingestellt) und in den achtziger Jahren war die *United Church of Christ* unter den stärksten Kritikern von Präsident Reagan. Die Kirche hat etwas mehr als eine Million Mitglieder und zehntausend Pastoren. Sie ist also nicht groß, aber – verzeihen Sie das Wortspiel – großartig.

1972 stieß ein außergewöhnlicher Sohn (und Enkelsohn) afroamerikanischer Baptisten zur Kirche hinzu: Jeremiah Wright (geb. 1941). Von der Gleichgültigkeit der schwarzen Kirchen gegenüber Martin Luther King[22] und seiner Bewegung enttäuscht, hatte Wright die Idee Pastor zu werden aufgegeben und beschlossen, zu den *Marines* zu gehen. Er diente dem Vaterland mit Stolz, trank jedoch sehr viel, und spielte sogar mit dem Gedanken, zu den *Black Muslims* überzutreten, die seiner Meinung nach den schwarzen Protest besser verkörperten. Ein sehr außergewöhnlicher Mann Gottes (Samuel Proctor) erweckte in ihm erneut die Berufung zum Pastor. Wright willigte ein, zog es aber vor, in der *United Church of Christ* zu dienen, und zwar gerade aufgrund der liberalen Ausrichtung, die wir oben beschrieben haben.

Die Kirche, die ihm anvertraut wurde (die *Trinity United Church of Christ*), lag mitten in der South Side von Chicago und war auf 200 Mitglieder geschrumpft (zwanzig Jahre später wurden es dank Wright 4.000). Viele Schwarze wechselten damals zum Islam, einige sogar zu den *Black Hebrew Israelites* (Wright sagte später dazu: „Sie kannten die Geschichte der Afroamerikaner nicht gut genug.“); andere fristeten ihr Dasein in Gleichgültigkeit (oder ertränkten es in Alkohol), ihre Kinder waren oft Bandenmitglieder, die meisten davon drogenabhängig.

Wrights Predigten waren von Anfang an sehr kraftvoll und nah am Volk, zeugten aber gleichzeitig von einer hohen Bildung; an der Universität hatte er Griechisch und Hebrä-

---

[22] Im Jahr 1964 wurde Martin Luther King aus seiner Kirche ausgegrenzt, weil er sich „politisch zu stark engagierte“(!).

isch studiert, außerdem den Koran und Religionsgeschichte. Für zwei Theologen hegte er ein ganz besonderes Interesse: Paul Tillich, ein verbannter Nazi-Gegner, und Reinhold Niebuhr. Mit der Zeit schaffte es Wright, Obama mit seiner Liebe zu Niebuhr „anzustecken".[23]

Neben den „klassischen Theologen" las Wright auch die Autoren der *Black Theology*, vor allem James Cone, dessen Buch *Black Theology and Black Power*[24] das Erbe von Martin Luther King, Malcolm X und sogar Stokely Carmichael, dem „Extremisten" der „schwarzen Revolution", vereint. Dieses Buch blieb lange Zeit die „Magna Charta" der schwarzen Bewegung. Es handelt sich um eine wahre „Theologie der Befreiung", vergleichbar mit der, die sich in Lateinamerika entwickelte.[25]

Die USA – das neue Römische Reich?

Von dieser theologischen Grundlage ausgehend, arbeitete Pastor Wright seine programmatischen Ideen aus. Zum einen brachte er seine Gemeindemitglieder dazu, in regelmäßigen Kontakt zum afrikanischen Kontinent zu treten. Jedes Jahr brachte er eine Gruppe in das Land ihrer Väter (man kann sich vorstellen, was dies in Obama bewirkt hat, der nie aufgehört hatte, an seinen kenianischen Vater und an seine schwarzen Brüder und Schwestern, die dort lebten, zu den-

---

[23] Es mag den Leser an dieser Stelle interessieren, dass eine namhafte Kolumnistin wie Barbara Spinelli („La Stampa", 11. Oktober 2009) in einem bewegenden Artikel zugunsten von Obama unterstreicht, dass der junge Präsident ganz in der Tradition Niebuhrs stehe.

[24] James Cone: *Black Theology and Black Power*. Harper & Row, New York 1969.

[25] Die Mehrheit der Befreiungstheologen war (und ist) katholisch. Unter den wenigen evangelischen sind Rubem Alves und Miguez Bonino zu erwähnen.

ken). Wright lud jedoch auch Prediger aus Afrika in seine Gemeinde ein.

Zum anderen entwickelte Wright eine sehr scharfe Kritik an der amerikanischen Gesellschaft. Seiner Meinung nach gab es keinen großen Unterschied zwischen den Vereinigten Staaten von Amerika und dem Römischen Reich. Als sklaventreibende Nation gegründet, haben Sie ihre Fläche durch einen ungerechten Krieg gegen Mexiko verdoppelt, die Indianer niedergemetzelt, in Hiroshima und Nagasaki wieder Menschen einer anderen Hautfarbe vernichtet und schließlich sind sie aus rein imperialistischen Gründen in den Irak eingefallen. Was seine Meinung zu den Republikanern angeht, so sollten wir vielleicht lieber das Thema wechseln: „Wer G. W. Bush wählt, ist ein Dummkopf.", pflegte der Pastor immer zu sagen. Es darf also nicht verwundern, dass Wright von einigen als kommunistischer Sympathisant betrachtet wurde. Doch das war er nicht. Er war nur ein Linksliberaler, der etwas weiter ging als die meisten. Sein Kampf für die Trennung von Kirche und Staat, die Verteidigung der Rechte von Schwulen und Lesben und seine *pro-choice* Einstellung beim Thema Abtreibung beweisen dies.[26]

Wrights Polemik war nicht unbegründet. Damals wurde nämlich bekannt, dass in den Jahren 1932 bis 1972 der *Public Health Service* (das staatliche Gesundheitswesen, welches jedoch bei weitem nicht so umfangreich tätig ist wie unser Gesundheitssystem) vierhundert an Syphilis erkrankte Afroamerikaner (ohne ihr Wissen) als Versuchspersonen benutzt hatte. Das Experiment wurde – selbstverständlich – in

---

[26] Bei der Frage der Abtreibung spaltet sich die amerikanische Gesellschaft in zwei Lager: Die einen unterstreichen die Entscheidungsfreiheit der Frau (*pro-choice*), die anderen verteidigen das absolute Recht auf Leben (*pro-life*). Wie wir später sehen werden, bewegt Obama sich in einer Art Mittelfeld zwischen diesen Positionen.

Alabama, im tiefsten Süden durchgeführt. Ziel der *Tuskegee Syphilis Study* war es, zu beobachten, wie sich die Krankheit *ohne jegliche Behandlung* entwickeln würde. Dieser Skandal wurde bekannt, kurz nachdem Wright die Trinity Gemeinde übernommen hatte. Der Public Health Service musste eine Entschädigung in Höhe von neun Millionen Dollar zahlen, doch das Geld ging meistens an die Familien der Patienten, die fast alle in der Zwischenzeit unter qualvollen Schmerzen verstorben waren. Präsident Clinton erklärte öffentlich: „Das Verhalten der amerikanischen Regierung ist beschämend." und entschuldigte sich bei den Überlebenden und ihren Angehörigen.

Wrights polemische Ader kam vor allem dann zum Vorschein, wenn es um soziale Fragen ging, verschwand jedoch vollkommen, wenn er predigte. „Er predigt tatsächlich das Evangelium Jesu Christi", sagte Barack Obama später über ihn. Und es stimmt. Das Motto, das der Pastor für seine Gemeinde wählte, lautete: *Unashamedly black and unapologetically Christian*, was man ungefähr übersetzen kann mit: „Wir schämen uns nicht dafür, dass wir Schwarze sind, und wir entschuldigen uns nicht dafür, dass wir Christen sind." Das dürfte genügen, um den (positiven) Schock nachvollziehen zu können, den Obama bereits bei seiner ersten Begegnung mit der Trinity Church erlitt. Als er eines Sonntags um 07:30 Uhr die Kirche betrat, fiel ihm sofort ein Plakat auf, auf dem geschrieben stand: FREIHEIT FÜR SÜDAFRIKA! (wir befinden uns im Jahre 1985, als Mandela noch im Gefängnis saß). Im hinteren Teil der Kirche war ein großes Gemälde zu sehen: Ein schwarzer Jesus, der schwarze Kinder segnete (James Cone sagte immer: *Jesus was a Black*, Jesus war ein Schwarzer). Auf dem bunten Glas der großen Kirchenfenster waren die Apostel und die Patriarchen abgebildet – allesamt als Schwarze. Der Gottesdienst hatte noch nicht begonnen und Obama nahm ein kleines Heftchen in die Hand, in dem die einzelnen Punkte des *Black Value System* aufgeführt waren. Er las:

Verpflichtung gegenüber Gott
Verpflichtung gegenüber der Familie
und der schwarzen Community
Selbstachtung und Bildung
Disziplin, *Arbeitsmoral* (Hervorhebung d. Autors)
Lossagung von den Idealen der Mittelschicht

Während Obama sich das Heftchen anschaute, füllte sich die Kirche langsam mit den Gemeindemitgliedern. Einige trugen traditionelle afrikanische Kleidung, andere europäische. Es waren auffällig viele Arbeiter und Hausfrauen unter ihnen, aber auch junge Ex-Junkies und „Black Muslims", die der Pastor bekehrt hatte. Daneben fanden auch gesellschaftlich höher gestellte Personen ihren Weg in dieselbe Kirche: Universitätsdozenten, Manager, Anwälte und Oprah Winfrey, die berühmte Fernsehmoderatorin. Insgesamt waren es 2.700 Personen, genauso viele, wie es Sitzplätze gab.

Am Fuße des Kreuzes

Schließlich traf auch der Pastor, Jeremiah Wright, ein. Er sprach ein Gebet und hielt eine außergewöhnliche Predigt unter den vielen *Amen!* und *Hallelujah!* der Gläubigen. Das Thema seiner Predigt war „The Audacity of Hope"[27] (Die Kühnheit der Hoffnung) und kreiste um das erste Kapitel des Buches Samuel. Es ging um die Hoffnung Hannas, der un-

---

[27] Obama wählte das Motto dieser Predigt als Titel für eines seiner schönsten Bücher: *The Audacity of Hope* (dt. *Hoffnung wagen,* Riemann Verlag, München 2008).

fruchtbaren Frau, der ein Sohn geschenkt wird. Eine offensichtliche Metapher für die Situation der Afroamerikaner.

Barack Obama war sichtlich gerührt. Für ihn begann ein langsamer, doch tief greifender Prozess der Annäherung an den Glauben. Es war in der Tat ein sehr langsamer Prozess und Wright wollte Druck machen, doch Obama war „ein Skeptiker (...), der seine Motive in Frage stellte (...) und überhaupt viel zu oft mit Gott stritt (...). Nicht alles, was diese Leute suchten, schien mir ausschließlich religiös motiviert zu sein"[28]. Doch die Predigt des Pastors (oder vielleicht waren es die Worte eines Mächtigeren ...) hatten bereits ihre Spuren hinterlassen: „Hier, unter diesem Kreuz (...), sah ich die Geschichten von Schwarzen eins werden mit den Geschichten von David und Goliath, von Moses und Pharao, von den Christen in der Löwengrube, von Hesekiels Totenfeld. Diese Geschichten – von Überleben und Freiheit und Hoffnung – waren unsere Geschichte, meine Geschichte (...). Und am Ende war diese schwarze Kirche (...) wieder das Gefäß, in dem die Geschichte eines Volkes aufbewahrt wurde für künftige Generationen (...). Unsere Entbehrungen und Siege verwandelten sich in etwas Besonderes und zugleich allgemein Menschliches (...). So spürte ich (...) zum ersten Mal, dass in diesem Geist der Keim einer Chance angelegt war, über unsere kleinen beschränkten Träume hinauszuwachsen. (...) [Ich merkte], dass mir Tränen über die Wangen liefen."[29]

Das Annehmen des christlichen Glaubens deckte sich für Obama also mit seiner Einbindung in die geistige und materielle Geschichte des afroamerikanischen Volkes. Er traf die Entscheidung, den Glauben anzunehmen und somit auch Teil

---

[28] Obama, *Ein amerikanischer Traum*, S. 294f.
[29] Für das vollständige Zitat s. Obama, *Ein amerikanischer Traum*, S. 302f. Die Bibelstellen, auf die Obama anspielt, sind: 1. Samuel 17,2. Mose 3-15, Daniel 3+6, Hesekiel 37.

eines Volkes zu werden, das aus gläubigen Menschen besteht; es war die Entscheidung, mit diesen Menschen Gemeinschaft zu haben und dadurch auch Gemeinschaft mit Gott[30].

Obama schreibt: „Es war eine Entscheidung, nicht eine Erweckung, meine Fragen verschwanden nicht auf wundersame Weise. Aber als ich dann in der Kirche unter dem Kreuz kniete, spürte ich den Geist Gottes in mir. Ich unterstellte mich Seinem Willen und machte es mir zur Aufgabe, Seine Wahrheit zu erkennen."[31] Einige Zeit später bat Barack Obama Pastor Wright, ihn zu taufen, und somit wurde er 1985 Mitglied der *Trinity United Church of Christ*. In dieser Kirche wurden Barack und Michelle 1992 von Wright getraut und ihre beiden Töchter empfingen dort die Taufe. Dreißig Jahre lang war Trinity sein geistliches Zuhause (und später auch das seiner Familie). Endlich eine Heimat.[32] Wie viele andere Gemeinden der *United Church of Christ* war *Trinity* mehr als bloß ein religiöses Zentrum, auch wenn (oder gerade weil) die Verbreitung des Wortes Gottes stets im Mittelpunkt stand. Die 4.000 Kirchenmitglieder unterstützten und finanzierten 70 soziale Projekte auf der ganzen Welt mit einem Gesamtbudget von zehn Millionen Dollar. Alkoholiker, Drogenabhängige, ehemalige Häftlinge, Senioren, Schwule, Lesben, mittellose Studenten konnten auf die uneigennützige Hilfe des Gemeindezentrums zählen. Kein unwichtiges Detail: Innerhalb einer Denomination, die hauptsächlich aus Weißen besteht, war *Trinity* nicht nur eine Gemeinde, die nur aus Schwarzen bestand, sondern gleichzeitig auch die Gemeinde mit der höchsten Mitgliederzahl.

---

[30] Vgl. Stephen Mansfield: *The Faith of Barack Obama*. Thomas Nelson, Nashville/Mexico City/Beijing, S. 27.

[31] Obama, *Hoffnung wagen*, S 268.

[32] So beschreibt es Stephen Mansfield, S. 26: „It was a decision to enter a faith by joining a people of faith, to come home to a community and so come home to God."

Mit *Trinity* hatte Barack Obama nicht nur eine faszinierende Gemeinde gefunden, sondern auch einen Ort mit einer klar definierten theologischen Linie. Es war die Linie jenes Reinhold Niebuhrs, den wir bereits als Mitbegründer der United Church of Christ und als Lehrmeister von Jeremiah Wright genannt haben. Niebuhr war nicht nur ein *public intellectual*, sondern auch ein international renommierter Theologe.

Wenn wir verstehen wollen, was Barack Obama glaubt, dann müssen wir uns zunächst ein wenig mit Niebuhr beschäftigen, was in Italien (sowie auch im Rest Europas) nicht gerade ein leichtes Unterfangen ist. Über Amerika wissen wir fast alles: Die Namen der Nobelpreisträger, wir kennen die Gesichter der Rockstars, die mehr oder weniger engagierten Filme, die Fotos der Skylines und sogar den einen oder anderen Schriftsteller, der gerade in Mode ist. Die gebildeten unter uns kennen die zeitgenössischen Philosophen (die allermeisten von ihnen sind natürlich Atheisten, mit der einen oder anderen Ausnahme), über Theologen weiß man hingegen rein gar nichts. Es bringt nichts, bei kulturellen Diskussionen jenen Jonathan Edwards zu zitieren, den wir oben erwähnt haben; ganz zu schweigen von den *black theologians* (James Cone, Cornel West)[33] und den Predigern der „evangelikalen Linken", wie z. B. Jim Wallis, der in einer Kommune am Rande des schwarzen Ghettos von Washington lebt und eine Inspiration für Barack Obama war. Doch am allerwenigsten weiß man über ihn, Reinhold Niebuhr – sei es aus purer Ignoranz oder Gleichgültigkeit.[34]

---

[33] Vgl. Cornel West: *Keeping Faith*, Routledge, New York, 1993. West (ein Methodist) ist heute einer der einflussreichsten *public intellectuals* der USA.

[34] Für einige (glückliche) Ausnahmen darf ich auf die Anm. 21, 36 und 41 verweisen.

Wie seinem Nachnamen unschwer zu entnehmen ist, stammt Niebuhr aus einer deutschstämmigen Familie. Er war jedoch kein Sohn des puritanischen Neuenglands oder der (angelsächsischen) Pioniere. Sein Vater, Gustav Niebuhr, war ein deutscher Auswanderer, der sich in der ländlichen Gegend von Illinois niederließ (demselben Bundesstaat, in dem Obama Stadtteilarbeit leistete und seine politische Karriere startete). Gustav Niebuhr wurde bald zum Pastor in der *German Evangelical Synod of North America*, starb aber sehr früh und hinterließ zwei Kinder: Richard, der spätere Begründer der amerikanischen Religionssoziologie, und Reinhold, der in die Fußstapfen des Vaters trat und Pastor wurde. Im Gegensatz zu vielen anderen Deutschen entschied er sich schon sehr früh dafür, als Amerikaner zu leben. Das kleine deutsch-amerikanische Seminar reichte ihm daher nicht mehr und er beschloss, nach Yale zu gehen, mitten in Neuengland, wo er mit der puritanischen Tradition in Berührung kam – ein unerlässlicher Schritt für jeden, der Amerika verstehen will. Vor allem aber entdeckte er die liberal-protestantische[35] Theologie (nennen wir sie einmal so) kennen und folgte ihr für eine gewisse Zeit. Er verfasste eine Abschlussarbeit über William James, der, obwohl er Philosoph und Pragmatiker war, der Religion nicht feindlich gegenüber stand.

Der junge Niebuhr war – genau wie seine Lehrer – ein Optimist, doch ging dieser Optimismus nicht mit einer grundlegenden Verteidigung der kleinbürgerlichen Gesellschaft einher – im Gegenteil. Er näherte sich sofort dem *Social Gospel*,

---

[35] Der „liberale Protestantismus" ist eine Strömung, die Theologie auf einer rationalen Grundlage betreibt und Ende des 19. bis Anfang des 20. Jahrhunderts besondere Verbreitung fand. Das Warten auf das Reich Gottes wurde durch einen festen Glauben an den Fortschritt der Menschheit ersetzt. Jesus wurde als großer Lehrmeister betrachtet und Ethik nahm den Platz ein, der einst der Spiritualität vorbehalten war.

der Bewegung des „sozialen Evangeliums", welches sich gerade zu jener Zeit in Amerika (und teilwerise auch in Europa) verbreitete. Die Mitbegründer dieser Bewegung waren Washington Gladden und Walter Rauschenbusch, ebenfalls ein Baptistenpastor deutscher Abstammung, der umfassende Sozialreformen forderte. Er war der Meinung, dass die Umsetzung dieser Reformen mit ein wenig gutem Willen durchaus möglich sei und dass man somit zum „Weitertragen des Reiches Gottes"[36] beitragen könne.

Dieser Optimismus wurde durch den Ausbruch des Ersten Weltkrieges und den unvermeidlichen Eingriff der USA zerstört. Das war das Ende der liberalen Ära (zumindest dem Anschein nach). Für Niebuhr hatte diese Krise zwei Dinge zur Folge: Zum einen verlor der junge Theologe seinen Glauben an den Mythos des Fortschritts und zum anderen war er zu der Überzeugung gekommen, er müsse Präsident Wilson in seiner Entscheidung unterstützen, in den Krieg einzugreifen. Es galt, die Entstehung eines autoritären und militärischen deutsch-österreichischen Reiches zu verhindern. Außerdem unterstützte Niebuhr den Präsidenten in seinem Bestreben, den „Völkerbund" zu gründen, den Vorläufer der Vereinten Nationen (UNO). Inmitten dieses politisch-ethischen Kampfes machte er seine ersten Erfahrungen als Dozent und freier Mitarbeiter.

Predigen in Detroit

In der Zwischenzeit wurde Niebuhr 1915 – stets innerhalb der *German Evangelical Synod* – Pastor in Detroit. Die da-

---

[36] Vgl. Massimo Rubbolo: *"Social Gospel"*. *Il movimento del "Vangelo Sociale" negli USA*. ("Social Gospel". Die Bewegung des "sozialen Evangeliums" in den USA) Claudiana, Turin 1980.

malige Situation in Detroit kann man vielleicht mit der in Turin vor fünfzig Jahren vergleichen: Im Zentrum der Stadt ein großer Automobilhersteller mit ringsherum einem Gefolge (oder eher einem Hofstaat) von Befürwortern, dem eine verhältnismäßig schwache Arbeitnehmervertretung gegenüberstand. Das Werk wurde von Henry Ford aufgebaut, einem einfachen Mechaniker, der ein Unternehmer wurde – und keine halben Sachen machte. Ein straff organisierter Arbeitsrhythmus am Fließband und hohe Gehälter ermöglichten einen angenehmen Lebensstandard und diverse soziale Leistungen. Es entwickelte sich der so genannte „Fordismus", über den Antonio Gramsci (ital. Schriftsteller, Journalist, Politiker und marxistischer Philosoph, A. d. Ü.) mit so großem Interesse gesprochen hat[37].

In diesem Zusammenhang ist das, was der junge Pastor vollbrachte (er war damals erst 23 Jahre alt), erstaunlich: Zunächst einmal war er ein hervorragender Prediger, der in nur zwei Jahren die Anzahl der Mitglieder in seiner Kirche verzehnfachte. Darüber hinaus entschloss sich Niebuhr dafür, seine Gemeinde zu „amerikanisieren": Gottesdienste und Religionsunterricht in deutscher Sprache wurden Schritt für Schritt abgeschafft und neben der Kanzel wurde eine große amerikanische Flagge platziert (was man nicht unbedingt gutheißen muss).

Man könnte diese Maßnahmen als Anzeichen für Konformismus verstehen, aber das sind sie nicht. Nach bereits wenigen Monaten schreckte der junge Pastor nämlich nicht davor zurück, Ford herauszufordern. Er hielt Gewerkschaftsversammlungen ab und kritisierte in Zeitschriften

---

[37] Vgl. Antonio Gramsci: *Americanismo e fordismo*. In: *Quaderni del Carcere*. Einaudi, Turin 1975, Bd. 3, S. 2137-2181 *(Amerikanismus und Fordismus. In: Gefängnishefte. Band 9, Heft 22, Argument Verlag, Hamburg 1999)*.

und Zeitungen den „Mythos Ford": Es stimmt zwar, dass die Löhne und Gehälter hoch sind – sagte er – doch die Arbeitnehmer entbehren einer gesicherten Kranken- und Rentenversicherung. Ford gefiel dies ganz und gar nicht, doch seine Einschüchterungsversuche scheiterten kläglich. Der junge Niebuhr erdreistete sich sogar, dem traditionellen WASP (White Anglo-Saxon Protestant) *establishment* zu trotzen und trug zur Wahl des ersten irisch-katholischen Bürgermeisters, John Smith, bei.

Einige Jahre später kam es dann zur schweren Wirtschaftskrise von 1929. Angesichts des moralischen (und wirtschaftlichen) Zerfalls jenes wilden Kapitalismus, der seit der Niederlage Wilsons in den USA geherrscht hatte, begann er, die Schriften von Marx zu lesen. Vieles davon erachtete er als wichtig und richtig, ohne jedoch Kommunist zu werden. Eine Reise in die Sowjetunion hatte einen bitteren Nachgeschmack hinterlassen (auch wenn er das russische Volk bewunderte und liebte). Er wurde Mitglied in der *Socialist Party of America (SPA)*, dessen Generalsekretär ein Ex-Pastor von großer moralischer Stärke war (Norman Thomas). Gemeinsam mit anderen gründete er dann die *Fellowship of Socialist Christians* (FSC)[38], deren Leitung er bald übernahm. Er vertrat einen ethischen Sozialismus, der sehr stark in der jüdisch-christlichen Tradition verwurzelt war. Sein Lieblingszitat aus der Bibel war ein Vers aus dem Buch des Proheten Amos (5,24): „Es ströme aber das Recht wie Wasser und die Gerechtigkeit wie ein nie versiegender Bach." Das sind Worte, die wir regelmäßig in Barack Obamas Reden wiederfinden.

---

[38] Bereits 1890 hatte man die *Society of Christian Socialists* gegründet, die jedoch nur eine sehr kurze Lebensdauer hatte.

Wie alle Sozialisten war auch Niebuhr Pazifist. Aber genau in diesem Punkt kam es zur Krise. Dank seiner deutschen Herkunft hatte er einige Male die Gelegenheit, nach Deutschland zu reisen. Dort spürte er sofort die schreckliche Gefahr, die von den Nazis ausging. Als Hitler 1933 an die Macht kam, war Niebuhr klar, dass der Kampf gegen den Faschismus absolute Priorität über die sozialistischen Projekte haben musste, so notwendig diese auch sein mochten. Entscheidend war in dieser Wende auch der Einfluss seines Bruders Richard, der mittlerweile Professor an der Yale-Universität war.

Augustinus, Luther und Calvin

Reinhold Niebuhrs berufliche Karriere war inzwischen an einen entscheidenden Wendepunkt gekommen. 1928 bot ihm die berühmte Theologische Fakultät in New York (auch bekannt als *Union Seminary*, da sie von verschiedenen protestantischen Kirchen unterstützt wird)[39] einen Lehrstuhl als Professor für Ethik und Religionsphilosophie an, den er bis zu seiner Emeritierung (1960) innehatte – und zwar auf seine ganz eigene Weise. Tausende von Pastoren waren seine Schüler und da sich das *Union Seminary* in New York befindet, war es eine Plattform von außerordentlicher Bedeutung. Von nun an hatten Niebuhrs Ideen und Projekte ein nationales Echo. Es kamen Einladungen aus ganz Amerika und er nahm sie alle an.

Dieser ungebremste Aktivismus hinderte ihn jedoch nicht daran, seine Studien fortzuführen. Er beschäftigte sich mit

---

[39] In den dreißiger Jahren war auch Dietrich Bonhoeffer hier als Professor tätig. Vgl. Paolo Naso, *Come una città sulla collina*, S. 73.

Luther und anderen Reformatoren, vor allem aber mit Augustinus und knüpfte damit an die Tradition der Puritaner des 17. Jahrhunderts an.[40] Von Augustinus und den Reformatoren übernahm er das Verständnis vom Wesen der *Sünde* (auch im Sinne von „Erbsünde", ein Konzept, das die liberalen Protestanten störte). Im politisch-kulturellen Bereich brachte diese Entscheidung Niebuhr dazu, sowohl den politischen Liberalismus als auch den Kommunismus scharf zu kritisieren: Ihnen fehle der Sinn für die Sünde, sagte er, deswegen seien sie unheilbaren Widersprüchen ausgesetzt.

Dieser augustinischen Linie folgend erklärte Niebuhr, dass der Mensch nicht „gut" geboren werde und es auch im Laufe seines Lebens nicht werde. Schlimmer noch als einzelne Personen seien Organisationen, Gruppen seien aggressiver als die Einzelpersonen, aus denen sie bestehen, sagte er, und wir können ihm nur beipflichten. Diese traurigen Erkenntnisse haben ihn jedoch nicht zu jenem Pessimismus verleitet, der unter den Intellektuellen so sehr verbreitet war und immer noch ist – im Gegenteil. Sie spornten ihn zum Handeln an: „Die Fähigkeit des Menschen zur Gerechtigkeit macht die Demokratie möglich, seine natürliche Neigung zur Ungerechtigkeit macht sie hingegen notwendig."[41]

---

[40] Perry Miller behauptet, dass der Puritanismus, aus dem die Kolonien Neuenglands hervorgegangen sind, die letzte Welle der *augustinian piety* (was man ungefähr mit „augustinischer Frömmigkeit" übersetzen kann) darstellt. Vgl. Anmerkung 18.
[41] Aus: Reinhold Niebuhr: *Die Kinder des Lichts und die Kinder der Finsternis*. Chr. Kaiser Verlag, München 1947. Vgl. auch Reinhold Niebuhr: *Glauben und Geschichte*. Paul Müller, München 1951.

Die praktische Schlussfolgerung, die Niebuhr aus diesem Satz zog, war offenkundig: Angesichts der Tatsache, dass der Faschismus auf dem Vormarsch war und der Kommunismus sich in eine Sackgasse hineinmanövriert hatte, galt es, die Demokratie zu verteidigen (angefangen bei seinem geliebten England, das 1940 kurz vor einer Katastrophe stand).

Niebuhr nennt dies alles „christlichen Realismus". Er sagte, den tragischen Ereignissen der Geschichte könne man nicht mit der Äußerung von Grundsätzen („Frieden", „Sozialismus") begegnen, sondern nur durch *Handeln*. Hierin zeigte sich sein Pragmatismus. Die Folgen dieser „theoretischen" Wende waren weitreichend: Er distanzierte sich zunehmend von der Sozialistischen Partei (SPA), bis es schließlich, als es um die Frage des antifaschistischen Krieges ging, vollends zum Austritt kam. 1932 hatte Reinhold Niebuhr bei den Präsidentschaftswahlen für den sozialistischen Kandidaten Norman Thomas gestimmt, doch 1936 überredete ihn sein Bruder Richard dazu, Franklin Delano Roosevelt[42] zu wählen. 1940 und 1944 sprach er sich öffentlich zugunsten einer erneuten Kandidatur Roosevelts aus und trug somit zu dessen wiederholten Wahlsiegen bei.

Der Zweite Weltkrieg hatte für die Amerikaner inzwischen mit dem Angriff auf Pearl Harbor 1941 – auf den Hawaii-Inseln, auf denen zwanzig Jahre später Barack Obama geboren wurde - begonnen. Zu diesem Zeitpunkt war Niebuhr bereits ein überzeugter Anhänger Roosevelts und gründe-

---

[42] In Mario Einaudi: *La rivoluzione di Roosevelt*. (Roosevelts Revolution) Einaudi, Turin 1960, finden wir eine gelungene Analyse der Amtsperioden F. D. Roosevelts. Der Autor zitiert ein symptomatisches Beispiel eines Interviews mit dem Präsidenten. Ein Journalist fragt ihn: Herr Präsident, sind Sie Kommunist? Antwort: Nein. – Dann sind Sie ein Faschist? Antwort: Nein, ich bin Christ und Demokrat.

te eine Zeitschrift *(Christianity and Crisis)*, um seine Ideen und Ansichten unter den Pastoren und Intellektuellen der verschiedenen Kirchen zu verbreiten.[43] Er war ein leidenschaftlicher Befürworter des antifaschistischen Krieges (er ging sogar nach England, um seine Ideen unter den Soldaten zu propagieren, die sich gerade darauf vorbereiteten, an der Küste der Normandie anzulegen – und zu sterben), doch gab er dabei niemals das auf, was ich seinen „augustinischen Vorbehalt" nennen würde. Als der Sieg nunmehr sicher war, gründete er gemeinsam mit anderen den Verein *American Friends of German Freedom*, dessen Ziel es war, an dem demokratischen Wiederaufbau Deutschlands mitzuwirken. Er konnte sich keinen erneuten Straffrieden vorstellen, wie den, der 1919 für Deutschland (und Europa) verheerende Folgen hatte. Im August 1949 war Niebuhr von den Atombomben auf Hiroshima und Nagasaki erschüttert und er brachte den *National Council of Churches* (Nationaler Kirchenrat)[44] dazu, folgendes Bekenntnis abzulegen: „Wir haben schwer gesün-

---

[43] Perry Miller, den wir bereits in Anm. 18 und 40 erwähnt haben, entschloss sich – aus antifaschistischen Beweggründen heraus –, diese Zeitschrift nach Kräften zu unterstützen. Zu diesem Zweck gründete er, nach typisch amerikanischer Art, einen Verein: *Atheists for Niebuhr*. Er folgte damit einer recht einfachen Logik: Uns Akademikern hört niemand zu. Die Pastoren hingegen lesen *Christianity and Crisis* und verbreiten die darin enthaltenen Ideen jeden Sonntag von ihrer Kanzel aus. Niebuhrs Ansichten befreien die soziale Mittelschicht vom traditionellen amerikanischen Isolationismus und dirigieren ihn in Richtung Roosevelt; deshalb müssen wir Atheisten Niebuhr unterstützen.

[44] Der *National Council of Churches (NCC)* (ursprünglich: *Federal Council of the Churches of Christ in America)* setzte sich aus den alten protestantischen Konfessionen (Kongregationalisten, Presbyterianer, Lutheraner, Methodisten, Baptisten aus dem Norden) sowie der Episkopalkirche (Anglikanische Kirche Amerikas) zusammen. Später kamen noch weitere orthodoxe Kirchen hinzu. Der *NCC* ist für seine fortschrittlichen Ansichten bekannt und erfährt seitens der „Neo-Konservativen" deutliche Ablehnung. Vgl. hierzu Anm. 64.

digt." Die augustinisch-lutherisch-calvinistischen Einflüsse prägten hier wieder einmal seinen „christlichen Realismus".

Der Kalte Krieg, der auf den Weltkrieg folgte, hatte eine rasche Ausbreitung kommunistischer Regime in ganz Osteuropa und 1949 schließlich den Sieg Mao Tse-tungs in China zur Folge. Einige amerikanische sowie zahlreiche europäische Intellektuelle betrachteten diesen Vormarsch des Kommunismus als eine Art notwendige Etappe auf dem fortschrittlichen Weg der Menschheit. Niebuhr konnte diesen Mythos „Wie herrlich doch die Menschen vorwärts schreiten"[45] aufgrund seiner augustinischen Überzeugungen nicht teilen, doch auf der anderen Seite konnte er sich auch nicht an der antikommunistischen „Hexenjagd" von Senator Joe McCarthy[46] und dessen *House Committee on Un-American Activities (HCUA)"* beteiligen, die einem Angriff auf die Grundlagen der Demokratie gleichkam.

Niebuhr war ein Mitbegründer der *Americans for Democratic Action* (ADA) (1947), die der Bedrohung durch die kommunistische Ausbreitung[47] mit einer Politik des *containment* begegnen wollten und sich für die Einhaltung der Re-

---

[45] Wie allgemein bekannt ist, drückt dieser Satz von Giacomo Leopardi eine starke Kritik aus [aus dem Gesang von Giacomo Leopardi „Der Ginster oder die Blume der Wüste", A. d. Ü.].

[46] Der antikommunistische „Kreuzzug" hatte einen zweifellos ökumenischen Charakter. Angeführt wurde er von dem Katholiken McCarthy, der jedoch Männer wie Richard Nixon an seiner Seite hatte, ein Quäker, der aus seiner Kirche ausgestoßen wurde und später dann in die presbyterianische Kirche eintrat, zu der auch Wilson gehörte. Die großen protestantischen Kirchen waren nicht im Geringsten an McCarthys Feldzug interessiert – im Gegenteil. Ein Mitarbeiter McCarthys behauptete sogar, 7.000 Pastoren seien Agenten aus Moskau. In Wahrheit handelte es sich jedoch nur um überzeugte und engagierte Linksliberale.

[47] Im selben Jahr (1947) skizzierte General George Marshall, der entscheidend zum Sieg im Zweiten Weltkrieg beigetragen hatte, die Idee eines *European Reconstruction Program* (ERP), das die westeuropä-

formen einsetzten, die von F. D. Roosevelt auf den Weg gebracht wurden. An vorderster Front standen mit ihm Roosevelts Witwe Eleanor, Averell Harriman, George Kennan, späterer Botschafter in Moskau, Walter Reuther, Vorsitzender des größten amerikanischen Gewerkschaftsbundes (CIO), Arthur Schlesinger, Historiker und politischer Berater Kennedys, und Adlai Stevenson, der zweimal für die Präsidentschaft kandidierte. Kurzum: Jeder, der im neuen amerikanischen Liberalismus Rang und Namen hatte.

„Die Ironie der amerikanischen Geschichte"

Niebuhr war jedoch nicht einfach nur ein Linksliberaler unter vielen. Auf der einen Seite hatte er niemals seine sozialistischen Wurzeln verleugnet (der Sieg der *Labour*-Partei in Großbritannien hatte ihn 1945 mit großer Freude erfüllt) und war außerdem der Ansicht, dass das korrupte Regime von Chiang Kai-shek, welches vom Vormarsch des Kommunismus bedroht war, nicht unterstützt werden sollte (was dazu führte, dass er vom FBI streng kontrolliert wurde). Auf der anderen Seite war sein Urteil über die kommunistische Welt sehr viel strenger als das der anderen Linksliberalen. Für ihn stellten alle stalinistischen Diktaturen nichts anderes als den klassischen Fall jenes „Hochmuts" (griechisch: *hybris)* dar, den Augustinus, Luther und Calvin ihn zu verurteilen gelehrt hatten. Das handelte ihm die Verachtung der *radical chic*-Intellektuellen ein, die ihn als „Theologen des bügerlichen Systems" betrachteten.

---

ischen Unternehmen wirtschaftlich stärken sollte, um somit dem Risiko eines erneuten kommunistischen Aufmarsches entgegenzuwirken. Die ADA (und mit ihr auch Niebuhr) unterstützten den daraus resultierenden „Marshall-Plan", der wesentlich zum Sieg der Amerikaner im Kalten Krieg beigetragen hat.

Dass sie ihm damit Unrecht taten, bewies sein letztes großes Werk, das während des Kalten Krieges veröffentlicht wurde: *The Irony of American History*[48]. In jedem Europäer, der dieses Buch liest, hinterlässt es einen bleibenden positiven Eindruck. Es ist schwierig, alle Nuancen des Wortes *Irony* zu erfassen. Man könnte auch Paradoxon oder moralische Widersprüchlichkeit sagen. Die Beispiele, die Niebuhr anführt, sind eklatant. Die Amerikaner sind davon überzeugt, eine Vorzeige-Demokratie geschaffen zu haben, doch ihr Wohlstand gründet auf der Versklavung der Schwarzen und Vernichtung der „Indianer". Sie haben in beide Weltkriege eingegriffen, „um die Demokratie zu retten", doch selbst haben sie eine der größten Weltmächte der gesamten Menschheitsgeschichte geschaffen. Mit ihrer wirtschaftlichen und militärischen Macht haben sie die Ausbreitung der kommunistischen Tyrannei eingedämmt, gleichzeitig aber weltweit jede andere Diktatur unterstützt, solange sie nur antikommunistisch war. Auch ihre eigene, nationale Geschichte blieb von besagter Ironie nicht verschont. Ziel des Amerikanischen Bürgerkrieges von 1861-65 war die Befreiung der Sklaven. Doch der Sieg des Nordens hat den Süden fast zerstört (Atlanta wurde von General Sherman in Schutt und Asche gelegt), während die Hegemonie des industriellen Nordens, der zwar Profit bringend doch erbarmungslos war, gefestigt wurde.

Der Niebuhr, der den Begriff *Irony* prägte, war kein Marxist mehr. Er bewertete also die Widersprüchlichkeit von guter Absicht und tatsächlicher Handlung nicht auf der Grundlage der *Ideologie*, d. h. einer mehr oder weniger bewussten Verdrehung der tatsächlichen Kräfteverhältnisse, sondern er beurteilte vielmehr gemäß dem Konzept der *Sünde*. Genau darin unterscheidet er sich von den Intellektuellen

---

[48] Reinhold Niebuhr: *The Irony of American History*. Scribner's Sons, New York 1959.

der Aufklärung, die die negativen Ereignisse der Menschheitsgeschichte gerne als *Fehler*[49] interpretieren: Die Vernichtung der Indianer, die Versklavung der Schwarzen, die Atombombe auf Hiroshima und der *Putsch* im Iran[50] sind keine Fehler, sondern mit Absicht begangene *Bosheiten;* Bosheiten für die man verantwortlich ist. Man könnte sie höchstens noch als gelegentliche Erscheinungen jener *Erbsünde* betrachten, deren Verständnis Niebuhr dank Augustinus neu überdacht hatte. Um sich aus dieser Notlage zu befreien, bleibt Amerika nur eines übrig: die Umkehr; die eigene Schuld einsehen und den Schaden wieder gutmachen. In diesem grundlegenden Punkt überwiegt in Niebuhr ganz eindeutig der Theologe den *public intellectual.* Denn im Grunde war er – obwohl er die Sprache der Laien benutzte – doch immer ein Prediger geblieben und als solcher hat er auch auf das Leben und die Geschichte der Vereinigten Staaten Einfluss genommen. Es darf also nicht verwundern, dass sich so unterschiedliche Menschen wie der Diplomat George Kennan, der Pastor Martin Luther King, der Präsident Jimmy Carter, der *black theologian* Cornel West und der konservative Katholik Michael Novak auf Niebuhrs Lehren berufen und dass der Vater der amerikanischen Psychoanalyse (Erik Erikson) ein aufmerksamer Leser seiner Werke war.

---

[49] Ein typisches Beispiel für diese Denkweise ist die Meinung, die Talleyrand zum Ausdruck brachte, als Napoleon den Herzog von Enghien erschießen ließ, „um den Bourbonen eine Lektion zu erteilen". Talleyrand sagte: „C'est pire qu'un crime, c'est une faute." („Es ist schlimmer als ein Verbrechen, es ist ein Fehler".) Doch es war eben nicht bloß ein Fehler, sondern ein wahres Delikt. Und mit Delikten dieser Art kompromittierte Napoleon das große Erbe der Französischen Revolution.

[50] 1953 organisierte die CIA im Iran einen Militärputsch, um die Regierung von Mossadegh zu stürzen, die versucht hatte, den westlichen Mächten die Kontrolle über das iranische Öl zu entziehen. Der Diktator Schah Mohammad Reza Pahlavi übernahm daraufhin die Macht, was zu den Ereignissen von 1979 führte (die „Revolution" von Khomeini), mit den heute noch sichtbaren Folgen.

BARACK OBAMAS WEG
IN DIE POLITIK BIS ZUR WAHL
ZUM PRÄSIDENTEN

Harvard

Obama befindet sich also in guter Gesellschaft, wenn er sich auf Niebuhr beruft. Und damit kehren wir auch wieder zum Präsidenten zurück. Aber vorher möchte ich kurz die Meinung eines seiner Biografen zitieren: „Obamas Politik ist in einer theologischen Sichtweise der Welt verwurzelt."[51] Unserer Meinung nach wurde diese Sichtweise wesentlich von Niebuhr beeinflusst. Und vor diesem Niebuhr'schen Hintergrund ist es auch verständlich, warum seine Bekehrung einen deutlich anderen Charakter hatte als viele andere religiöse Ereignisse in den USA, die dank der Fernsehprediger eher einer Show gleichen. Pastor Jeremiah Wright ist jedoch bei weitem kein Prediger von dieser Sorte[52] und diese Tatsache erlaubte es ihm, Barack Obama auf einem *spirituellen* Weg zu begleiten, der in eine wahre Bekehrung mündete. Doch es war keine Bekehrung wie die des heiligen Paulus auf dem Weg nach Damaskus, sondern vielmehr wie die des heiligen Thomas, mit all seinem Zögern und Zweifeln.[53]

---

[51] Mansfield, *The Faith of Barack Obama*, S. 143.

[52] Wright ist ein sehr gebildeter Mann und als solcher wird er oft als Gastdozent in die Theologische Fakultät eingeladen. Während des Lewinksi-Skandals lud ihn Bill Clinton ins Weiße Haus ein und bat ihn um moralische Unterstützung, die er dann auch in Form von folgendem Ratschlag erhielt: „Gestehe die Wahrheit." Und Clinton gestand.

[53] Ich beziehe mich hier auf Johannes 20,24-29.

Jetzt, da die Frage der Religion geklärt war, blieb ihm nur (!) noch herauszufinden, zu welchem Zweck er lebte, also das, was Johannes Calvin „Berufung"[54] nannte.

Seine Stadtteilarbeit in der South Side von Chicago hatte ihn ausgelaugt. Die schwarze Bevölkerung begegnete seinen Initiativen mit Passivität und die Politiker der Großstadt mit extremer Gleichgültigkeit. Obama beschloss also, wieder zu studieren und zwar ausdrücklich mit dem Ziel, sich mit den juristischen Verfahrensweisen vertraut zu machen, durch die ihm so viele Steine in den Weg gelegt wurden. Er nahm ein Stipendium der Harvard-Universität an und strebte 1987 einen Abschluss in Jura an, den er auch ohne Probleme schaffte.

Darüber hinaus kam er an zwei Wendepunkte, die sein weiteres Leben grundlegend verändern sollten: Zum einen wurde er, aufgrund seiner ausgezeichneten Noten, zuerst zum Direktor und später zum Präsidenten der *Harvard Law Review* gewählt, einer Zeitschrift, die von Studenten herausgegeben wird, aber dennoch eine der bedeutendsten juristischen Fachzeitschriften der USA ist. Sein Verhalten als Direktor und Präsident der Zeitschrift ließ bereits Obamas spätere politische Linie erkennen: Obwohl er selbst ein überzeugter Linksliberaler war (und als solcher war er auch bekannt), vertraute er den Konservativen bestimmte Schlüsselpositionen an. Er war weiterhin ein „schwarzer Aktivist", der sich nach Kräften gegen das südafrikanische Apartheid-Regime einsetzte, welches sich langsam dem Untergang näherte, doch er lernte, mit Schwarzen genauso wie mit Weißen zu kommunizieren – und zwar ohne vorgefasste Meinungen.

---

[54] Vgl. Johannes Calvin: *Traité de la vie chrétienne*. Im dritten Buch der *Institutio christianae religionis* (Unterricht in der christlichen Religion. Neukirchener, 1955).

Michelle

Der zweite Wendepunkt in seinem Leben war jedoch noch viel wichtiger. Während der Sommerferien absolvierte Obama mehrere Praktika in den Anwaltskanzleien von Chicago. Als „Mentor" wurde ihm eine junge, brillante schwarze Anwältin zur Seite gestellt: Michelle Robinson, die wir im Folgenden einfach „Michelle" nennen werden[55]. Michelle war drei Jahre jünger als Barack und eine typische *black woman*: Ihre Vorfahren waren Sklaven, ihr Vater war ein an multipler Sklerose erkrankter Arbeiter, der jedoch nicht aufgehört hatte zu arbeiten, um seiner Tochter das Studium finanzieren zu können. Und Michelle hatte wirklich hart gearbeitet: Sie erwarb zunächst einen B. A. in Soziologie an der Princeton-Universität und danach den akademischen Grad Juris Doctor an der Harvard-Universität. Sie stand Barack Obama also in nichts nach. Aufgrund ihres temperamentvollen Charakters nannte man sie manchmal auch „den Panther", doch für Barack verkörperte sie die Essenz der afroamerikanischen Identität. Für ihn war es „Liebe auf den ersten Blick", doch sie war sehr viel vorsichtiger. Er machte ihr drei Jahre lang den Hof, bevor er sie vor den Traualtar führen durfte. Eine Ehe, die natürlich von Pastor Jeremiah Wright in jener *Trinity United Church* of Christ in der South Side von Chicago geschlossen wurde, in der Barack Obama zum Glauben gekommen war.[56] Die Hochzeit mit Michelle

---

[55] Vgl. Marilena Palumbo: *Yes, she can. Michelle Obama e la prima famiglia africano-americana alla Casa Bianca.* (Yes, she can. Michelle Obama und die erste afrikanisch-amerikanische Familie im Weißen Haus) Castelvecchi, Rom 2009.
[56] Die Hochzeit fand im Jahr 1992 statt. Dazu waren Verwandte aus der ganzen Welt angereist, doch hauptsächlich aus Kenia und Indonesien.

bedeutete für ihn, gleichzeitig auch seine Zugehörigkeit zum afroamerikanischen Volk ein für alle Mal festzulegen. Auch wenn er – biologisch betrachtet – gemischtes Blut hatte, so war er doch kulturell und spirituell ein *African American*. Sein christlicher Glaube, seine Zugehörigkeit zur Community und seine Familie bildeten nunmehr ein einziges Bild. Und so ist es bis heute geblieben. Michelles kultureller und spiritueller Hintergrund war sehr verschieden von dem ihres Ehemannes. Ihre Identität war von der Verwurzelung in der afroamerikanischen Kultur geprägt, auf die sie sehr stolz war (und immer noch ist). Im Gegensatz zu Barack hatte sie dafür nicht mit sich selbst ringen müssen. Es hat seinen Grund, warum Barack über sie sagt: „Michelle ist der Felsen unserer Familie." Jener Familie, die sie gerade gemeinsam gegründet hatten. Einige Jahre nach ihrer Hochzeit kamen zwei lang ersehnte Töchter auf die Welt: Malia (1998) und Sasha (2001). Als die Mädchen eingeschult werden sollten, trafen die Obamas eine eher ungewöhnliche Entscheidung: Sie beschlossen, ihre Töchter nicht auf eine staatliche Schule zu schicken, sondern auf eine Quäkerschule.[57] Als überzeug-

---

[57] Das Quäkertum ist eine Bewegung, die zu Zeiten Cromwells innerhalb des Protestantismus entstanden ist (Mitte des 17. Jahrhunderts). Ihre Anhänger waren enttäuscht vom Ausgang des Englischen Bürgerkrieges, den wir als „bonapartistisch" bezeichnen könnten, und wählten den Weg der Gewaltlosigkeit und der Trennung von Kirche und Staat. Sie wollten noch nicht einmal als „Kirche" bezeichnet werden, sondern als *Society of Friends*. Sie hatten weder damals noch heute Pastoren oder Kultstätten, sondern lediglich Versammlungsräume, in denen jeder seine Gedanken äußern konnte, und zwar so, wie sie ihm in jenem Moment gerade eingegeben wurden. Sie wurden sowohl von Cromwell als auch vom König verfolgt und gründeten daraufhin unter der Führung von William Penn 1682 die Kolonie Pennsylvania, die für ihre religiöse Toleranz und für die Wahrung der Rechte der Indianer bekannt war. In der ersten Hälfte des 19. Jahrhunderts gründeten die Quäker die sogenannte *Underground Railroad* (Untergrundbahn), ein Netzwerk von Gruppen und Einzelpersonen, die 100.000 Sklaven bei

te Linksliberale hätten sie eigentlich die staatliche Schule vorziehen müssen, doch Barack stand nun in der Öffentlichkeit und er wollte verhindern, dass sich das Aufsehen um seine Person negativ auf das Leben seiner Töchter auswirken könnte[58].

Obamas Eintritt in die Politik war für jene, die ihn nicht besonders gut kannten, eine Überraschung. Sechs Monate lang hatte er erneut für eine soziale Initiative der Kirchen gearbeitet, das Illinois „Project Vote", welches, wie der Name schon sagt, die Zahl der (schwarzen) Wähler erhöhen sollte. Diesmal verzeichnete er mit seiner Arbeit große Erfolge: 1992 war die Zahl der afroamerikanischen Wähler[59] um 150.000 gestiegen. Das waren einhundertfünfzigtausend zusätzliche Stimmen für Bill Clinton – es ist durchaus möglich, dass sie einen entscheidenden Beitrag zu seinem Sieg geleistet haben. Darüber hinaus arbeitete Obama weiterhin als Rechtsanwalt und war zehn Jahre lang Dozent für Verfassungsrecht an der Universität von Chicago.

Gleichzeitig hatte Obama auch begonnen, seine Autobiografie zu schreiben: Dreams From my Father. Etwas ungewöhnlich für einen 32-jährigen jungen Mann. Viele denken, dass er sogar schon lange davor angefangen hatte, Notizen zu sammeln, um irgendwann dieses Buch zu schreiben. Die Wahrheit ist, dass er Bilanz über sein Leben und seine

---

ihrer Flucht aus dem Süden in den sicheren Norden unterstützten. Für weitere Informationen über die Quäker siehe: Giorgio Bouchard: Chiese e movimenti evangelici del nostro tempo. (Evangelische Kirchen und Bewegungen unserer Zeit) Claudiana, Torino 2006, S.129-131.
[58] Präsident Carter (1977-1981), ein treuer Anhänger des separatistischen Baptismus, hatte seine Tochter auf eine staatliche Schule geschickt, doch das Mädchen hat sehr darunter gelitten. Ihre Mitschüler machten ständig Witze, überall waren Bodyguards anwesend etc.
[59] In den Vereinigten Staaten muss man sich, um wählen zu dürfen, zunächst als Wähler registrieren lassen (registered voters).

Berufung ziehen wollte. Ein Großteil des Buches ist seiner Reise nach Kenia gewidmet, der Suche nach einem Vater, der, als er noch lebte, nie für ihn da war und schließlich unerreichbar geworden war. Obama erzählt jedoch auch von einigen entscheidenden Stationen seines spirituellen Weges.[60] Das Buch ist zwar keine Lektion in Bescheidenheit, doch es hilft uns, ihn besser zu verstehen.

Auf den Spuren von Abraham Lincoln

Obamas politische Karriere begann 1996 mit seiner Wahl in den Senat der *Illinois General Assembly* (die Legislative des Bundesstaates Illinois). Dies war für ihn ein herausragendes Ereignis. Die Assembly tritt heute wie damals in Springfield zusammen, wo Abraham Lincoln 1858 seine berühmte Rede hielt, in der er sich ausdrücklich gegen die Versklavung der Schwarzen aussprach.[61]

Lincoln war für Obama immer ein politischer, moralischer und spiritueller Bezugspunkt gewesen. Auch er gehörte lange Zeit keiner Kirche an, was dazu führte, dass ihm bei der Wahl für das Repräsentantenhaus sein Gegner (ein baptistischer Pastor) – zu Unrecht – vorwarf, irreligiös zu sein. Allerdings fand Lincoln erst inmitten der Schrecken des Bürgerkrieges, bei dem zwei seiner Kinder starben, wieder zum Glauben seiner Väter zurück. Es war eine wohl überlegte Bekehrung, wie die *Gettysburg-Rede* und die Rede zu seiner zweiten Amtseinführung beweisen; zwei Reden, die in das

---

[60] Vgl. Obama, *Ein amerikanischer Traum*, S. 292, 293, 294-300, 306, (ganz besonders 308), 449.
[61] Es geht hier um das „gespaltene Haus", von dem im Markusevangelium die Rede ist (Markus 3,25). Jesus sagt: „Und wenn ein Haus mit sich selbst uneins wird, kann es nicht bestehen."

Lincoln Memorial (Washington D. C.) eingemeißelt wurden. Lincoln besuchte die *First Presbyterian Church* in der Hauptstadt. Heute noch wird den Besuchern der Kirche die Bank gezeigt, auf der Lincoln damals Sonntag für Sonntag neben seiner Frau saß.[62] Zu ihr sprach er auch folgende bedeutende Worte: „Nach meiner Amtszeit möchte ich nach Jerusalem gehen und auf den Spuren meines Herrn wandeln" (*walk in the steps of my Master*).[63] Doch Obama schätzte Lincoln noch aus einem anderen Grund: Nach jedem Wahlsieg berief dieser seine politischen Rivalen in sehr hohe Ämter, einige sogar als Minister. Obama, der schon immer zur politschen Mitte neigte, fühlte sich durch diese Vorgehensweise ermutigt. Lincoln war zwar eine wichtige Inspirationsquelle für ihn, doch was ihn außerdem in seinen politischen Aktivitäten bestärkte, war die Wertschätzung vieler Menschen um ihn herum, ganz besonders die der bedeutenden schwarzen Führungspersönlichkeiten und eines der höchst geschätzten Politiker Amerikas: Paul Simon, Senator von Illinois. Dank dieser Unterstützung konnte Obama zahlreiche soziale Reformen durchsetzen (bessere medizinische Versorgung für Kinder, Unterstützung für Arbeitslose etc.).

---

[62] Vgl. Mansfield, *The Faith of Barack Obama*, S. 80-81. Lincolns Eltern waren Baptisten. Die Anfänge der presbyterianischen Kirche, in die Lincoln (sowie auch andere Präsidenten) eintrat, gehen auf den schottischen Calvinismus zurück. Der Begriff „presbyterianisch" deutet darauf hin, dass die Kirche von einer Gruppe von „Ältesten" geleitet wird (griech. *presbyteroi*, im Neuen Testament). Der Pastor ist ein „Ältester" so wie die anderen, auch wenn er Vollzeit für die Gemeinde arbeitet. Die *Presbyterian Church* ist eine traditionsreiche Kirche und umfasst etwa ein Fünftel bis ein Viertel der amerikanischen Führungsschicht. Im 20. Jahrhundert waren folgende Präsidenten Presbyterianer (oder sind es im Laufe ihres späteren Lebens geworden): Wilson, Eisenhower und Reagan (sehr spät).

[63] Das englische Wort *Master* kann sowohl „Meister" als auch „Herr" bedeuten. Die Großschreibung hat mich dazu bewogen, die zweite Alternative zu wählen.

Doch mit dem Erfolg kam auch die Versuchung, sich zu überschätzen. Im Jahr 2000 kandidierte er für das US-Repräsentantenhaus und wurde haushoch von Bobby Rush geschlagen, einem baptistischen Pastor, der in seiner Jugend ein Mitglied der *Black Panthers* war. Doch Rush blieb dennoch vor allem ein Pastor: Als Obama 2004 in den US-Senat gewählt wurde, sagte er: „Ich bin sicher, dass Obamas Wahl [in den Senat] Teil des Planes Gottes war. Obama hat gewisse Qualitäten. Ich bin davon überzeugt, dass er [von Gott] für einen bestimmten Zweck benutzt wird."

Es sei mir gestattet zu sagen, dass dies auch unsere Meinung ist.

Ein zynischer und dummer Krieg

Die Wahl zum Senator war eine entscheidende Stufe auf Obamas politischer Karriereleiter. Er hatte sich seit 2002 sehr genau darauf vorbereitet. Es zeichnete sich immer deutlicher ab, dass Präsident G. W. Bush als – verspätete und falsche – Antwort auf die Anschläge des 11. Septembers 2001 zu einem Gegenschlag auf den Irak ansetzte. So gut wie kein amerikanischer Politiker wagte es, sich diesem Krieg zu widersetzen, aus Angst, des Defätismus beschuldigt zu werden. Auch zukünftige Präsidentschaftskandidaten (John Kerry, Hillary Clinton und John Edwards) unterstützten die Entscheidung des Präsidenten. Nicht so Obama. Er befürwortete zwar den Krieg in Afghanistan (eine Haltung, von der wir Abstand nehmen), doch er war strikt gegen den Krieg im Irak, auch wenn er Saddam verurteilte.

Als sichtbares Zeichen dafür, dass er gegen den Krieg war, hielt er eine Rede vor den *war protestors* (Pazifisten) und sagte: „Ich bin nicht grundsätzlich gegen Krieg, doch ich widersetze mich diesem dummen (*dumb*) Krieg (...). Ich widersetze mich dem zynischen Versuch von Männern wie Richard Perle und Paul Wolfowitz[64], diesen Wochenend-Kriegern, uns von den wahren Problemen Amerikas ablenken zu wollen: die steigende Armut, der Rückgang des durchschnittlichen Einkommens und die Skandale der großen Unternehmen. Es wird ein Krieg von unvorhersehbarer Dauer, mit unvorhersehbaren Kosten und unvorhersehbaren Konsequenzen. Es stimmt, Al-Qaida stellt ein großes Problem dar, doch dieser Krieg wird ihren ‚Rekrutierungsarm' nur stärken."

In dieser Rede ist das Vermächtnis Reinhold Niebuhrs und dessen „christlicher Realismus" deutlich zu erkennen: Kein blinder Pazifismus, sondern harte Kritik an einem törichten Krieg und vor allem an dem Lügennetz, das um ihn gesponnen wurde. Ein besonders gravierender Fall jener *Irony of American History*, die Niebuhr so scharfsinnig herausgestellt hatte.

---

[64] Richard Perle und Paul Wolfowitz sind die bekanntesten Mitglieder des so genannten *„brain trust"* von G. W. Bush, zu dem auch William Kristol, Robert Kagan und Norman Podhorez gehörten. Es sei hier nur am Rande erwähnt, dass dieser *trust* zum Großteil aus ehemaligen Marxisten oder Kindern von Marxisten bestand, die den Kommunismus hinter sich gelassen hatten, um ihn (meiner Meinung nach) mit einer leidenschaftlichen Bejahung der Mythen des *American Exceptionalism* zu ersetzen. Für sie bestand die Mission Amerikas darin, die Demokratie in die gesamte Welt zu tragen. Böse Zungen behaupten, dass diesem „Export" von Demokratie ein Import von Erdöl entspreche ... Für eine ausführliche Behandlung der Ideen dieser „Neokon", die im *Project for the New American Century (PNAC)* dargestellt werden, verweise ich auf: Jim Lobe/Adele Oliveri (Hg.): *I nuovi rivoluzionari. Il pensiero dei neoconservatori americani.* (Die neuen Revolutionäre. Was amerikanische Neokonservative denken) Feltrinelli, Mailand 2003. Es mag den Leser interessieren, dass diese Intellektuellen erklärte Gegner des *National Council of Churches* sind (vgl. S. 50) und sogar des Ökumenischen Rates der Kirchen.

Es gehörte schon eine Menge Mut dazu, eine solche Rede zu halten. Bushs Zustimmungsrate war damals auf 65% gestiegen. Doch manchmal zahlt sich Mut eben aus und Obama wurde im Jahr 2004 mit großer Mehrheit zum US-Senator für den Bundesstaat Illinois gewählt. Sicher, es war ein etwas außergewöhnlicher Wahlkampf: Obamas stärkste Konkurrenten wurden von gesundheitlichen Problemen oder Sex-Skandalen (ausgerechnet sie, die Verfechter der Familie!) aus dem Rennen geworfen. Übrig blieb nur noch ein gewisser Herr Keyes – auf dessen „frühchristlichen" Kreuzzug werden wir später noch zurückkommen – und der wurde von Obama geschlagen.

Obama hatte mittlerweile herausragende Mitarbeiter an seiner Seite, die ihn dazu überreden konnten, seinen Protagonismus zu bremsen und zu den Schwarzen wie zu den Weißen, zu den Konservativen wie zu den Liberalen, zu den Säkularisten wie zu den Gläubigen zu sprechen. Letzteren widmete er zahlreiche begeisterte, doch ausgeglichene Reden. Er betonte mit großem Nachdruck seine Zugehörigkeit zur *Trinity United Church of Christ*, der Kirche von Pastor Jeremiah Wright, in der er sich bekehrt hatte und später getauft und getraut wurde. Er zitierte oft aus der Bibel und aus den Predigten von Martin Luther King. Als er über soziale Probleme in der Gesellschaft sprach, kehrte er ein Zitat aus 1. Mose 4,9 um und sagte: „Ich *bin* der Hüter meines Bruders und meiner Schwester". Kain sah das nicht so – sonst wäre er nicht zum Brudermörder geworden.

David Axelrod, Obamas bester Mitarbeiter (damals wie heute), prägte einen Slogan, der ihm zu großem Erfolg verhelfen sollte: *Yes, we can*. Davon waren viele überzeugt, angefangen bei Michelle. Am Anfang hatte sie versucht, ihren Ehemann zu bremsen, aus Angst, sie könnte ihre Kinder vernachlässigen, doch dann legte sie ihre Bedenken ab und fing an, ihren Mann nach Kräften zu unterstützen. „Barack *is* a black man", sagte sie zu den Schwarzen. Und damit begann sie bereits, ohne es zu wissen, ihre Arbeit als *First Lady*, die sie wahrscheinlich genauso erfolgreich machen wird, wie Edith Wilson oder Eleanor Roosevelt. Es gibt Biografen, die vorsichtig andeuten, dass Barack Obama unter seinen vielen Freundinnen Michelle gerade deshalb zur Ehefrau auserkoren hat, weil ihr „Schwarzsein" auch ihrem Ehemann die vollständige Zugehörigkeit zur afroamerikanischen Community garantieren würde.

Er bekam noch von vielen anderen Seiten tatkräftige Unterstützung. Am Abend seines Sieges sagte Jesse Jackson, Baptistenpastor und Bürgerrechtler: „Heute Abend werden Dr. King und die anderen Märtyrer sicher auf uns herabschauen und lächeln." Hier wird deutlich, dass es sehr schwierig ist, das politische Engagement der Schwarzen von ihrem religiösen Eifer abzugrenzen. Doch wie Michelle schon sagte: Obama ist ein *black*; aus eigener Entscheidung und aus Überzeugung.

Auch viele weiße Persönlichkeiten unterstützten Obama, z. B. Hillary Clinton, der Wirtschaftswissenschaftler Paul Krugman (ein Liberaler) und sogar der Milliardär George Soros. Mit diesen Freundschaften konnte er eine brillante Karriere im US-Senat starten, jedoch ohne dabei aufzuhören, den Irakkrieg zu verteufeln. Eines Tages sagte er über seine politische Tätigkeit: *„I have not just talked the talk. I have walked the walk."* Frei übersetzt bedeutet dies: „Ich habe nicht nur leere Reden geschwungen, sondern gehandelt." Und das hat er tatsächlich.

Eine große Chance

Der Wahlkampf für die Senatorenwahl machte Obama zu einer national bekannten Persönlichkeit. Das bemerkten auch die Parteivorsitzenden der Demokraten, die sich 2004 auf einen ungleichen Wahlkampf gegen G. W. Bush vorbereiteten, der immer noch den Großteil der amerikanischen Bevölkerung hinter sich hatte. Der noch nicht offiziell ernannte Kandidat der Demokraten war John Kerry. Er war zwar fachlich qualifiziert, doch er war kein Redner, der seine Zuhörer begeistern konnte. Von Obamas Mitarbeitern dazu angestachelt, bat Kerry Obama darum, die Grundsatzrede auf dem Parteitag der Demokraten in Boston zu halten.[65] Die Keynote Address ist eine Grundsatzrede, in der Ideen und Ziele dargelegt werden, doch vor allem soll sie aktive Parteimitglieder angesichts des bevorstehenden Wahlkampfs „anheizen", ermutigen und motivieren. Obama war sich sofort bewusst, dass dieses Angebot eine einmalige Chance für ihn war. Er beschloss, die Rede selbst zu schreiben, und las sie dann immer und immer wieder, bis er sie schließlich vollständig aus dem Gedächtnis halten konnte. Auch waren die Umstände, unter denen der Parteitag stattfand, sehr günstig: 5.000 Delegierte, 15.000 Journalisten, ein Bericht der NBC am Sonntag Morgen, ein Interview mit der ABC und ein bissiger Kommentar eines Journalisten der CBS: „Sie sind ja ein Rockstar!" Obamas Antwort war schlagfertig und ließ den Reporter verstummen: „Fragen Sie mal meine Frau, die wird Ihnen etwas anderes erzählen." Was sein Glück perfekt machte (aber gibt es so etwas wie Glück überhaupt?), war die Tatsache, dass er die Rede zur Hauptsendezeit der TV-Sender hielt, und das heißt, dass ihm praktisch die gesamte Nation zuhörte.

---

[65] Im Anhang ist die Grundsatzrede abgedruckt.

Und das war sie auch wert. Als Überschrift hatte Obama das Thema der Predigt gewählt, die ihn zehn Jahre davor so berührt hatte: *The Audacity of Hope*[66]. In der Tat glich sein Tonfall auf jener politischen Bühne dem eines afroamerikanischen Predigers: Michelle hatte Tränen in den Augen und die Delegierten weinten und klatschten Beifall. Der Parteitag war zu einer Mischung aus religiöser Erweckungsveranstaltung und einem *Happening* für die Jugend geworden, was nicht gerade wenig ist für eine Partei, die den Glauben verloren hatte (sowohl an Gott als auch an sich selbst) und der vor allem der Zulauf der jungen Menschen fehlte. Obama hatte den Mut, vor weitgehend säkularisierten Parteimitgliedern das Thema Religion anzusprechen: „Auch in den *blauen Staaten* (= Bundesstaaten mit einer Mehrheit für den Präsidentschaftskandidaten der demokratischen Partei) verehren wir einen herrlichen Gott."[67] Sichtlich gerührt fragte sich einer der Parteiführer: „Ist er es? Ist er derjenige, auf den sie so lange gewartet hatten?" Darauf gab es natürlich nur eine richtige Antwort: „Er ist es."

Millionen von Amerikanern, Weiße und Schwarze, Arme und Reiche, Gläubige und Nichtgläubige, schienen langsam derselben Meinung zu sein.

Der Journalist der CBS hatte Unrecht, denn Obama war sogar mehr geworden als ein Rockstar: Er wurde als nationale Führungspersönlichkeit anerkannt.[68] Sein Herausge-

---

[66] Vgl. Anm. 27.
[67] Mansfield schreibt dazu in *The faith of Barack Obama*: „Der Glaube, der hinter dieser Vision steckt, wird von den Wahrheiten gestützt, die sich Obama während seines langen spirituellen Weges mühsam erkämpft hat."
[68] An dieser Stelle mag den Leser der Standpunkt eines Mannes wie Ferruccio de Bortoli interessieren [Direktor der ital. Tageszeitung *Corriere della Sera* (Abendkurier), A. d. Ü]: „Obama ist so geistgeleitet wie Martin Luther King, so herzlich wie Kennedy und so mitreißend wie Bruce

ber beschloss, *Dreams from My Father* neu aufzulegen, nachdem die erste Auflage ein großer Flop gewesen war. Er ließ 85.000 Exemplare drucken.

Barack unterstützte treu Kerrys Wahlkampagne, obwohl er genau wusste, dass dessen Chancen schlecht standen. Gleichzeitig verfolgte er auch weiterhin sein eigenes Ziel, Senator zu werden: Er hielt zahlreiche Reden und beendete sie stets mit *God bless you*, was seine nichtgläubigen Befürworter zwar etwas störte, doch das „spirituelle" Amerika dafür umso mehr begeisterte. Und tatsächlich wurde er mit großer Mehrheit gewählt.

Als Mitglied des Senatsausschusses für auswärtige Angelegenheiten konnte Obama, über seine normale Parlamentätigkeiten hinaus, nach Russland, Osteuropa und in die umstrittensten Länder des Nahen Ostens reisen: Israel und Irak. Im Jahr 2006 flog er nach Südafrika und Desmond Tutu sagte zu ihm: „Du wirst ein guter Präsidentschaftskandidat für die USA werden."[69]

Er entdeckte auch mit großer Freude ein Museum, das Rosa Parks[70] gewidmet war, doch er sprach sich gegen die allzu vereinfachende Erklärung aus, die die südafrikanische Regierung für das AIDS-Problem hatte: Der Imperialismus

---

Springsteen." In: Luciano Clerico: *Barack Obama. Come e perché l'America ha scelto un nero alla Casa Bianca.* (Barack Obama. Wie und warum Amerika einen Schwarzen in das Weiße Haus gewählt hat) Dedalo, Bari 2008, S. 8.

[69] Desmond Tutu, ein schwarzer anglikanischer Erzbischof aus Südafrika, hatte den Widerstand des *African National Congress* während der gesamten Haftzeit Mandelas (1962-1989) moralisch unterstützt. Ihm wurde der Friedensnobelpreis verliehen.

[70] Rosa Parks war die eigentliche Begründerin der schwarzen Bürgerrechtsbewegung (Montgomery, Alabama, 1. Dezember 1955). Über sie wurde gesagt: „Sie blieb [im getrennten Bus] sitzen, damit Martin Luther King seinen Marsch beginnen und wir frei sein konnten." Vgl. Bouchard, *Evangelici nella tormenta*, S. 87-106.

sei an allem Schuld, sagte Präsident Thabo Mbeki, ein mittelmäßiger Nachfolger Mandelas. In einer öffentlichen Ansprache zitierte Obama mehrmals Martin Luther King[71] und Gandhi und brachte seine Sorge über die Situation der Menschen in Darfur zum Ausdruck. Zu diesem Anlass, wie auch bei seiner Rede zum Thema AIDS, erfand Mbeki eine Ausrede, um einem Treffen mit ihm aus dem Weg zu gehen. Die sudanesische Regierung ging sogar einen Schritt weiter: Sie verweigerte ihm das Einreisevisum.[72]

In Amerika sah die Situation indessen etwas besser aus: Im Jahr 2006 erhielten die Demokraten sowohl im Senat als auch im Repräsentantenhaus die Mehrheit, was G. W. Bush zu einem klassischen *Lame Duck* machte.[73]

„Faith"

Langsam zeichnete sich für Obama ein politischer – und vielleicht auch persönlicher – Sieg am Horizont ab und er begann, an eine Kandidatur für die Präsidentschaftswahl zu denken. Er trug seine Gedanken aus den bisherigen Wahlkampagnen in einem außergewöhnlichen Buch zusammen, das im Jahr 2006 veröffentlicht wurde: *The Audacity of*

---

[71] King hatte gesagt: „Der Bogen des moralischen Universums ist weit, doch er neigt sich zur Gerechtigkeit."

[72] Kenia hingegen bereitete ihm, und mehr noch seiner Frau Michelle, einen jubelnden Empfang.

[73] Der Begriff *Lame Duck* („lahme Ente") beschreibt auf eine etwas brutale Art und Weise einen Präsidenten, der nicht wiedergewählt werden darf (bei Bush war dies der Fall) oder im Voraus bekannt macht, dass er nicht wieder kandidieren will, wodurch er in den Hintergrund rückt, obwohl er noch im Amt ist. Die Presse konzentriert sich schon mehr auf einen möglichen Nachfolger und meistens trifft ein „Lame Duck" während der letzten Wochen auch keine wichtigen Entscheidungen mehr.

Hope (Hoffnung wagen).[74] Dieses Werk ist wirklich einzigartig.

Zum einen, weil er das mit religiösen Bezügen gespickte Buch seiner Mutter und seiner Großmutter Toot widmete, die zwar beide nicht gläubig waren, ihm jedoch eine tief greifende moralische Stärke vermittelt haben.

Und zum anderen, weil der Titel, den Obama für das Buch wählte, seinen Ursprung in einer Rede von Martin Luther King hat und auch das Motto jener Predigt war, die Obama so ergriffen und auf den Weg der Bekehrung geführt hatte. Und als ob das alles noch nicht genügte, war unter den Freunden, die Obama gebeten hatte, das Manuskript Korrektur zu lesen, kein Geringerer als Jim Wallis[75], ein hochgebildeter Pastor, der in der Theologie eine konservative und in der Politik eine radikale Position vertritt: Kein seltenes Oxymoron in der Geschichte des modernen Protestantismus.[76]

Barack Obama, der mittlerweile zu einem Protagonisten der amerikanischen Geschichte geworden ist, stellt nun also seine eigene Person nicht mehr ganz so stark in den

---

[74] Vgl. Anm. 27.

[75] Jim Wallis, ein evangelikaler Pastor und scharfer Kritiker der Reagan- und Bush-Regierungen, lebt in einer „Kommune" mit Menschen verschiedener Herkunft und Konfession am Rande des schwarzen Ghettos von Washington. Er ist Herausgeber der Zeitschrift „Sojourners" und hat einige sehr interessante Bücher veröffentlicht, u. a.: Jim Wallis: *The Soul of Politics*. The New Press, New York 1994 und *God's Politics*. Harper Collins, New York 2005. Viele von Obamas ethischpolitischen Ideen entstammen diesen Büchern.

[76] Diese Einstellung wird auf exemplarische Art und Weise von einem der größten Theologen der Moderne verkörpert: Karl Barth (1886-1968). Er war ein Denker, der tief in der Theologie der Kirchenväter und Reformatoren verwurzelt war und die Bedeutung der Dreifaltigkeitslehre gegenüber jenem „liberalen Protestantismus" verteidigt hat, über den wir in Anm. 35 gesprochen haben. In der Politik war er jedoch stets Sozialist sowie ein erbitterter Gegener des Nationalsozialismus. S. hier zu Daniel Cornu: Karl Barth und die Politik. Aussaat Verlag, Wuppertal 1969.

Mittelpunkt: Er behauptet nicht mehr, alles alleine geschafft zu haben (entgegen dem amerikanischen Mythos des *self-made man*). Er weiß, dass er denjenigen, die seine Entwicklung geprägt haben (seine Großmutter, seine Mutter, sein Pastor) und denjenigen, die ihn ermutigen und unterstützen, vieles zu verdanken hat. Diese Einstellung (die wir als „christlich" zu bezeichnen wagen) scheint deutlich durch die Seiten seines Buches hindurch. Einer seiner Biografen schreibt über ihn: „Er ist ein Christ und entschuldigt sich nicht dafür, er ist liberal und entschuldigt sich nicht dafür und er ist davon überzeugt, dass der Glaube (*faith*) seine Politik sowie die der Nation als Ganzes beeinflussen sollte."[77]

In der Fußnote haben wir die Aussage im Wortlaut wiedergegeben, weil das Wort *faith* (Glaube) aus dem Munde (bzw. der Feder) eines Amerikaners zwei sich ergänzende Bedeutungen haben kann: Vorwiegend bezeichnet es Überzeugungen, die ausdrücklich religiöser Art sind (in diesem und vielen anderen Fällen ist die betreffende Religion das Christentum); doch es kann auch die Gesamtheit der *Werte* bezeichnen, die das Leben des Einzelnen und der Gesellschaft prägen. Zu diesen Werten zählen für einen Amerikaner: Loyalität, Disziplin, Verantwortungsbewusstsein, harte Arbeit (*hard work*), den Nächsten und die Gesetze achten, Liebe zur Freiheit und zur Demokratie und auch ein gewisser Optimismus.

Bei Obama schwingen oft beide Bedeutungen mit und scheinen sich zu ergänzen. Er kritisiert nämlich die Neigung der amerikanischen Linken – insbesondere der Demokraten –, einer Diskussion über Werte aus dem Weg zu gehen.[78] Er

---

[77] „He is unapologetically Christian and unapologetically liberal and believes that faith ought to inform his politics and that of the nation as a whole." Mendell, *Obama*, S. XXII.
[78] Vgl. Obama, *Hoffnung wagen*, S. 74.

scheint es hier ganz besonders auf die Intellektuellen abgesehen zu haben, die zu der Meinung tendieren, dass Bildung, und insbesondere die Schulen, *value-free* sein sollten, also wertneutral.[79] Es ist kein Zufall, dass Obama keine Gelegenheit auslässt, seine Dankbarkeit gegenüber seiner Mutter zum Ausdruck zu bringen, die zwar nicht gläubig war, doch auch nicht antireligiös, und die ihm ein solides Wertegerüst mit auf den Weg gegeben hat[80].

Die Bibel, das lebendige Wort Gottes

Dass die Werte Amerikas (und des gesamten Westens) ihren Ursprung vorwiegend in der jüdisch-christlichen Tradition haben, ist für Obama eine feststehende Tatsache. Er ist überzeugter Christ und trotzdem anderen Religionen gegenüber sehr offen. Bezüglich seiner Bekehrung sagte er: „An jenem Sonntag im Jahr 1985 bin ich Christ geworden. Ich habe meinen Glauben an Jesus Christus, den Sohn Gottes, bekannt, der für meine Sünden gestorben und auferstanden ist. Doch ich glaube nicht, dass das Christentum der einzige Weg zu Gott ist."[81] Dieser universalistische Ansatz erscheint mehrmals in seinen Büchern. Er schreibt, dass die „goldene Regel" („Behandle andere so, wie du selbst behandelt werden möchtest.") in den Schriften aller Weltreligionen auftaucht, wenn auch stets in leicht abgewandelter Form.[82]

---

[79] Die Meinung eines Philosophen wie Richard Rorty gründet auf dem Konzept des „Freiseins von Werten", hebt auf der anderen Seite aber die entscheidende Bedeutung der Freiheit hervor.
[80] Vgl. Obama, *Hoffnung wagen*, S. 263 ff.
[81] Aus Mansfield, *The Faith of Barack Obama*, S. 58.
[82] Vgl. Barack Obama: *Sulla razza.* (Obamas Rede über Rassenkonflikte) Rizzoli, Mailand 2008, S. 50-51. Mansfield, *The Faith of Barack Obama*, S. 55 und Clerico, *Barack Obama*, S. 154.

Aber nicht nur das: Barack Obama ist zwar ein treuer Bibelleser, aber er beweist dennoch eine einzigartige Freiheit im Umgang mit der Schrift, auf der unser Glaube gründet: „Wenn ich die Bibel lese, dann tue ich das in der Überzeugung, dass sie kein statischer Text ist, sondern das lebendige Wort Gottes (*the living Word of God*), und dass ich stets für neue Offenbarungen offen sein muss, ob sie nun von einer lesbischen Freundin kommen oder von einem Arzt, der gegen Abtreibung ist."[83]

Die Tatsache, dass Obama Bezug auf das heikle Thema der Liebe zwischen Gleichgeschlechtlichen nimmt, ist zweifellos ein Beweis für seinen Mut. Da homophobe Christen (oft fundamentalistische Evangelikale) die Bibel und insbesondere die Worte des Apostels Paulus im ersten Kapitel des Römerbriefes (V. 18-32) zitieren, nimmt Obama mehr denn je eine Position ein, die auf beide Seiten Rücksicht nimmt: „Ich glaube, dass die amerikanische Gesellschaft sich entscheiden kann, der Ehe zwischen einem Mann und einer Frau einen besonderen Platz zu geben, weil es in allen Kulturen die übliche Verbindung ist und der Rahmen, in dem Kinder aufgezogen werden. Ich will aber nicht, dass der Staat amerikanischen Bürgern eine eingetragene Partnerschaft verweigert, die gleiche Rechte in grundlegenden Dingen wie Besuchsrecht im Krankenhaus oder Krankenversicherung beinhaltet, einfach weil die Menschen, die sie lieben, dasselbe Geschlecht haben wie sie selbst. Und ich bin auch nicht bereit, eine Bibelauslegung zu akzeptieren, die einer obskuren Bibelstelle im Römerbrief mehr Gewicht für die Definition christlichen Verhaltens beimisst als der Bergpredigt."[84]

Ich vermute, dass Obama sich vor allem auf Matthäus 7,1-5 bezieht: Die Aufforderung, mehr auf die eigenen Sün-

---

[83] Vgl. Mansfield, *The Faith of Barack Obama*, S. 58.
[84] Obama, *Hoffnung wagen*. S. 286f.

den zu schauen, als auf die der anderen. Im Wesentlichen glaube ich, dass Obama mit „eingetragener Partnerschaft" das meint, was die Franzosen in ihrem PACS (*Pacte Civil de Solidarité*) definieren: eine würdevolle Lösung für ein heikles Problem.

Diese Stellungnahme eröffnet jedoch eine Kontroverse mit den fundamentalistischen Evangelikalen.

An dieser Stelle sei mir eine kurze Abschweifung vom Thema gestattet: In Italien, wie auch im Rest der Welt, werden die Begriffe *Fundamentalist* und *fanatischer Moralist* synonym verwendet.[85] Diese Vermischung der Begriffe scheint mir in keiner Weise historisch begründet. Der Fundamentalismus ist vor hundert Jahren als Reaktion auf jenen „liberalen Protestantismus"[86], der dazu tendierte, die großen christlichen Dogmen zu relativieren, in Princeton entstanden (eine Stadt, die meines Wissens nicht für ihren Fanatismus bekannt ist). Wie aus dem Wort selbst schon hervorgeht, besagte der Fundamentalismus einfach, dass die Bibel einige *fundamentale* Aussagen beinhaltet, die man nicht relativieren kann: Gott ist Schöpfer, der Mensch ist Sünder, die Propheten haben die Erlösung verkündet, Jesus Christus hat die Verheißung durch den Tod am Kreuz und die Auferstehung erfüllt und er wird in Herrlichkeit wiederkommen, wenn Gott sein ewiges Reich vollenden wird. Diesen Wahrheiten (die wir persönlich teilen) fügten die Fundamentalisten noch die Überzeugung hinzu, die Bibel enthalte nicht bloß das Wort Gottes, sondern sie *sei* das Wort Gottes und nannten dies die „Unfehlbarkeit der Schrift".

---

[85] Ich habe diese Thematik bereits in der Einführung zu Enzo Pace/Eugenio Stretti: *Il nuovo pluralismo religioso.* (Der neue religiöse Pluralismus) Claudiana, Turin 2003, umfassend behandelt.
[86] Vgl. Anm. 35.

Diese letzte Aussage hat zwar oft zu einer übermäßigen Strenge und Unnachgiebigkeit geführt, jedoch niemals moralistische Programme hervorgebracht. Die unbestreitbare moralische Dekadenz in der amerikanischen Gesellschaft (und wahrhaftig nicht nur in der amerikanischen ...), gepaart mit dem massiven Relativismus der *radical-chic* Intellektuellen, hat evangelikale Fundamentalisten oft dazu gebracht, die Republikaner zu wählen, die sich als Verteidiger der Familie und der *old time religion* (d. h. der amerikanischen Religiosität, wie sie Anfang des 19. Jahrhunderts praktiziert wurde), der Rechtschaffenheit, der „harten Arbeit" und der Loyalität gegenüber dem Vaterland darstellten.

In diesem Zusammenhang stellt der Fundamentalismus zweifellos ein politisches Problem dar. Die Präsidenten Reagan, George Bush und G. W. Bush haben ihren Wahlsieg unter anderem den Stimmen Millionen evangelikaler Fundamentalisten zu verdanken, die über die zunehmende sexuelle Freiheit, die Abtreibungspraktiken, den kulturellen Relativismus und die Zurschaustellung der Homosexualität entsetzt waren.[87] Der absolute Tiefpunkt dieser fundamenta-

---

[87] Aus Gründen der Korrektheit muss jedoch angemerkt werden, dass auch wichtige Vertreter der katholischen Kirche in den USA dieselben Ängste hatten (und immer noch haben) und sich vor den Wahlurnen ähnlich verhalten. Diese Position wird auch von einigen bedeutenden katholischen Intellektuellen vertreten. S. zum Beispiel Michael Novak: *The Catholic Ethic and Spirit of Capitalism.* The Free Press, New York 1993; Georg Weigel: *The Final Resolution. The Resistance Church and the Collapse of Communism.* Oxford University Press, USA 1992 und Richard John Neuhaus: *Doing Well and Doing Good. The Challenge to the Christian Capitalist.* Doubleday, New York 1992. Kurz vor seinem Tod war Neuhaus – ein katholischer Prister und ehemaliger lutherischer Pfarrer – der bevorzugte geistliche Berater von G. W. Bush.

listischen Tendenz wurde mit dem Beginn des Irak-Krieges erreicht, der als eine Art apokalyptisches Ereignis betrachtet wurde und der Islam fast schon als eine Manifestation des Antichristen.

In diesem Sinne stellen die Fundamentalisten ein echtes Problem für Obama dar, auch wenn viele von ihnen am Ende für ihn gestimmt haben. Obama lässt sich diesbezüglich auch nicht zu opportunistischen Äußerungen verleiten. Als jemand ihn auf die absolute Gültigkeit jeder biblischen Vorschrift hinwies, antwortete Obama: „Mein Bruder, in 5. Mose[88] finden wir einen kleinen Vers, der gebietet, ungehorsame Kinder zu steinigen. Glaubst Du, dass diese Vorschrift heute noch Gültigkeit besitzt?"

Obama nimmt den Fundamentalisten gegenüber jedoch niemals jene selbstgefällige distanzierte Haltung ein, die den protestantischen Linken eigen ist. Im Gegenteil, er erkennt die positiven Aspekte ihrer Überzeugungen und ihres Handelns an. Natürlich gibt es Stimmen, die behaupten, seine Aussagen seien nichts weiter als politischer Opportunismus. Diese Erklärung scheint mir jedoch allzu vereinfachend und außerdem engherzig. In Wahrheit sind seine Gründe aufrichtig und tief greifend und ich möchte einige davon nennen.

Zunächst einmal gilt es zu bedenken, dass Obama einen „Ehebund" mit der afroamerikanischen Community eingegangen ist (und diese spirituelle Vereinigung durch die Liebe zu Michelle besiegelt hat). Drei Viertel der Afroamerikaner sind evangelisch (Baptisten, Methodisten, Pfingstler[89]) und –

---

[88] Vgl. 5. Mose 21,18-21.
[89] Die evangelische *Pfingstbewegung* ist 1906 in Los Angeles entstanden und hat heute ca. drei- bis vierhundert Millionen Mitglieder auf der ganzen Welt (auch in China). Ihre Anhänger erleben tiefe spirituelle Momente, in denen sie „in fremden Zungen reden", wie es die Apostel

mit Ausnahme einiger Intellektueller – auch Fundamentalisten (man achte nur einmal genauer auf den Text eines Gospelliedes). Dennoch stimmen sie normalerweise für die demokratischen Kandidaten. John Kerry, ein Katholik, erhielt 90% ihrer Stimmen. Die Fundamentalisten zu respektieren bedeutet für Obama also gleichzeitig auch, die eigene Kultur und die eigene Spiritualität zu respektieren.

Zweitens hatte Barack Obama durch den Einfluss seiner Mutter, seiner Großeltern (auch wenn sie nicht gläubig waren) und Pastor Wright fundierte Kenntnisse über die Bibel erworben, die er auch in den Worten einiger Männer wiedergefunden hat, die amerikanische Geschichte „geschrieben" haben: Lincoln, den wir oben bereits erwähnt haben[90], aber auch William J. Bryan[91], Woodrow Wilson, Franklin D. Roosevelt und natürlich Martin Luther King. Obama hat eine besondere Vorliebe für die Worte des Propheten Amos[92], wie sie auch Niebuhr hatte, und für die des Propheten Micha[93], den Carter zu zitieren pflegte.

Es mag den einen oder anderen verwundern, dass Obama die Bibel mehr und mehr in den Vordergrund rückte, je weiter er sich seinem Wahlsieg näherte. Nachdem er zum

---

am Pfingsttag taten (vgl. Apostelgeschichte 2,1-6). Ihr katholisches Pendant ist die charismatische Bewegung „Rinnovamento nello Spirito" (Charismatische Erneuerung). Für eine ausführliche Behandlung dieses Themas verweise ich auf Bouchard, *Chiese e movimenti evangelici del nostro tempo*, S. 99-112.

[90] Vgl. S. 60f.

[91] William J. Bryan war zwischen dem 19. und 20. Jahrhundert der große Anführer jener populistischen Bewegung, die die stärkste linke Partei gewesen ist, die Amerika je erlebt hat. Vgl. hierzu Michael Kazin: *The Populist Persuasion*. Harper Collins, New York 1995, S. 42-47.

[92] „Es ströme aber das Recht wie Wasser und die Gerechtigkeit wie ein nie versiegender Bach." (Amos 5,24).

[93] „Es ist dir gesagt, Mensch, was gut ist und was der Herr von dir fordert, nämlich Gottes Wort halten und Liebe üben und demütig sein vor deinem Gott." (Micha 6,8).

Präsidentschaftskandidaten der Demokraten gewählt wurde, hielt er eine Rede vor dem Parteitag (Denver, August 2008), in der er zunächst mehrmals Martin Luther King zitierte und die er schließlich mit den Worten beendete: „Es ist dieses amerikanische Versprechen, das uns vorantreibt (...) das uns verbindet (...), das uns unsere Augen auf das richten lässt, was wir nicht sehen [vgl. Römer 8,24-25]. (...) Lasst uns dieses Versprechen halten und, mit den Worten der Schrift, lasst uns treu und ohne zu wanken an dem Bekenntnis der Hoffnung festhalten [vgl. Hebräer 10,23]." Wir haben Verweise auf die entsprechenden Bibelstellen in Klammern hinzugefügt, um hervorzuheben, dass sich hinter seiner Politik eine Theologie verbirgt. Und es ist eine biblische Theologie.[94]

Darüber hinaus gibt es einen weiteren Aspekt in Obamas Geisteshaltung, der ihn eng mit der Spiritualität des „schwarzen Volkes" verbindet. Es ist die Interpretation der afroamerikanischen Geschichte vor dem Hintergrund der Ereignisse, die in 2. Mose geschildert werden. Wer schon einmal *Spirituals* gehört (oder gesungen) hat, weiß, wovon hier die Rede ist. Die versklavten und misshandelten Schwarzen

---

[94] Vgl. Barack Obama: „Das Amerikanische Versprechen". In: *Barack Obama – Inspire a Nation. Sammlung seiner besten Reden. Vom Wahlkampf bis zur Präsidentschaft 2009* (Zweisprachige Ausgabe – Deutsch/Englisch). Publishing 180, 2009, S. 88-109. Besonders nennenswert ist der Kommentar von Paolo Naso in: *Dopo le elezioni: gli USA oggi, gli USA domani.* (Nach den Wahlen: die USA heute, die USA morgen) Hefte der Ökumene, 2008, S. 8.
Im selben Heft der Ökumene (S. 23) gibt Daniele Fiorentino eine interessante Aussage von Thomas Paine aus dessen Streitschrift „*Common Sense*" wieder: „Wer ist der wahre König von Amerika? Derjenige, der mit seinem Wort und seinem göttlichen Gesetz unser Handeln lenkt." Thomas Paine (ein Engländer) war so etwas wie der „Extremist" der amerikanischen Revolution, doch anders als in Europa allgemein angenommen wird, war er kein Atheist. Er vertrat dieselbe Linie wie Jefferson, der sich im letzten Teil der Unabhängigkeitserklärung auf den „allerhöchsten Richter der Welt" beruft.

schöpften Hoffnung aus der Geschichte des Volkes Israel: der Auszug aus Ägypten, der Durchzug durch das Schilfmeer unter der Führung Moses, die Offenbarung der Zehn Gebote auf dem Berg Sinai, die Wanderung durch die Wüste und schließlich die Überquerung des Jordans auf Anordnung Josuas und der Einsturz der Mauern von Jericho.[95]

Diesen Ereignissen, die vom Schicksal eines Volkes und dessen Spiritualität erzählen, gibt Obama eine ganz eigene Interpretation, mit der sich jedoch viele identifizieren können: Unser Mose war Martin Luther King, der uns aus der Unterdrückung durch die Rassentrennung herausgeführt hat und die „Bürgerrechte" für uns errungen hat. Mit seinem Märtyrertod (1968) hat unsere vierzigjährige Wanderung durch die Wüste begonnen, die sich jetzt dem Ende entgegenneigt (2008). Genau wie Mose ist auch Martin Luther King gestorben, noch bevor er das Gelobte Land sehen konnte. Doch nach ihm gibt es keinen weiteren Propheten. Es gibt nur uns, die kleinen Josuas. Wir brauchen nur ein wenig Mut, um den Jordan zu durchschreiten, und wenn wir unser Gebet vertrauensvoll zum Herrn erheben, dann werden die Mauern von Jericho einstürzen.[96]

In den Büchern sowie in den Reden Obamas sind die Bezüge auf Martin Luther King zahlreich. In einer Rede, die er in Selma anlässlich des 40. Gedenktages zum mutigen und blutigen Protestmarsch der Bürgerrechtsaktivisten hielt, sagte er: „Ich bin hier, weil damals jemand marschiert ist." und

---

[95] Von der massiven Präsenz religiöser Themen in der Bürgerrechtsbewegung (1955-1968) beeindruckt, beschreibt der amerikanische Philosoph Michael Walzer in seinem Buch *Exodus und Revolution* auf sehr eindrucksvolle Art und Weise die Auswirkungen dieser an der Bibel ausgerichteten Interpretationsweise auf das politische Weltgeschehen. Vgl. Michael Walzer: *Exodus und Revolution*. Fischer, Frankfurt am Main 1995.

[96] Außer auf die Bücher 2. Mose und Josua wird hier besonders auf 5. Mose 6,21-25; 8,1-5 und auf Psalm 106 Bezug genommen.

zitiert später 5. Mose 4,9: „Hüte dich nur und bewahre deine Seele gut, dass du nicht vergisst, was deine Augen gesehen haben, und dass es nicht aus deinem Herzen kommt dein ganzes Leben lang."

Rührend war auch sein Besuch in Birmingham (Alabama), wo 1963 durch ein Bombenattentat des Ku-Klux-Klans auf die (zu trauriger Berühmtheit gelangte) *„16th Street Baptist Church"* vier Mädchen ums Leben kamen. Die Kirchenuhr zeigte immer noch 10:22 Uhr an (den Zeitpunkt der Explosion). Auch der Pastor, die Diakone und die Eltern der Mädchen waren anwesend. Sie durften ein Jahr nach dem Attentat miterleben, wie Präsident Johnson in einer Fernsehansprache die Verabschiedung des Bürgerrechtsgesetzes bekannt gab. Das Opfer ihrer Töchter war nicht umsonst gewesen. „(...) der Pfarrer, die Diakone und ich [fassten] uns an den Händen und sprachen vor dem Altar ein Gebet. Dann gingen die anderen weg, ich blieb noch ein wenig in einer Kirchenbank sitzen und sammelte meine Gedanken."

Amerikas Erbsünde

Die Tatsache, dass eine solche Rede eine emotionale Reaktion hervorrufen kann, ist wohl nicht zu leugnen. Doch ist diese Gefühlsbetontheit in einen theologischen Kontext eingebettet, der weder fundamentalistisch noch rationalistisch ist, sondern der Theologie Reinhold Niebuhrs treu bleibt, die wir etwas weiter oben beschrieben haben.[97]

Ein eindeutiger Hinweis auf die Beeinflussung durch die Lehren Niebuhrs ist das häufige Aufgreifen des Konzepts der *Sünde*: Die Versklavung der Schwarzen, die Vernichtung der Indianer, der Krieg gegen Mexiko und der Abwurf der

---

[97] Vgl. S.42 ff.

Atombombe waren keine „Fehler", es waren *Sünden* – „die Sklaverei ist die Ursünde Amerikas."[98]

Doch das ist noch nicht alles. Obama verfällt nämlich keineswegs dem sogenannten *American Exceptionalism*, eine Theorie, die im 19. Jahrhundert entstanden ist und besagt, dass die Vereinigten Staaten eine Sonderstellung auf der internationalen Bühne einnehmen und den göttlichen Auftrag haben, allen Nationen der Welt als Vorbild für Freiheit und Fortschritt zu dienen. Die technologischen und militärischen Erfolge der USA seien der Beweis für das sogenannte *Manifest Destiny* („offenkundige Bestimmung"), das andere Nationen anerkennen müssen.[99] Obama schreibt: „Natürlich bedeutete Manifest Destiny auch blutige Eroberungsfeldzüge: Gegen die Stämme der amerikanischen Ureinwohner, die mit Gewalt aus ihren Gebieten vertrieben wurden, und gegen die mexikanische Armee, die ihr Land verteidigte. Diese Eroberungen widersprachen (...) den amerikanischen Gründungsprinzipien."[100]

Es scheint mir offensichtlich, dass diese (mutige) Rede auf dem Konzept der *Irony of American History* aufbaut, das wir bereits als zentrales Element im Gedankengut von Rein-

---

[98] Vgl. Obama, *Sulla Razza* und *Hoffnung wagen*, S. 297. Dieser Satz stammt aus Wallis, *God's Politics*. S. 307. Vgl. Anm. 75.

[99] Die Erfolge, die Amerika errungen hat, stehen außer Frage. Doch es ist ebenfalls wahr, dass der Unabhängigkeitskrieg (1776-1783) dank des militärischen Eingriffs Frankreichs gewonnen wurde; und ebenso, dass der Versuch, Kanada zu erobern (1812-1815), kläglich scheiterte. Möglich wurde die weite territoriale Ausdehnung der Vereinigten Staaten nur durch den siebenjährigen Krieg (1756-63, noch bevor die USA gegründet wurden), der von den Preußen und den Briten gewonnen wurde, sowie durch eine kluge diplomatisch-wirtschaftliche Handlung von Präsident Jefferson (er kaufte 1803 „Lousiana", d. h. den halben Westen). Durch den Krieg gegen Mexiko (1846-48) wurden schließlich Texas, New Mexico, Colorado, Arizona, Nevada und Kalifornien annektiert, was die Mexikaner den USA nie verziehen haben.

[100] Obama, *Hoffnung wagen*, S. 359.

hold Niebuhr vorgefunden haben.[101] Hinter jener Ironie steckt jedoch das Verständnis von Erbsünde, welches Niebuhr durch Luther und Calvin von Augustinus übernommen hat und Obama von Niebuhr und zwar durch den Mann, der zwanzig Jahre lang sein Pastor gewesen ist: Jeremiah Wright.

Diese strenge Selbstkritik hindert Obama natürlich keineswegs daran, in höchstem Maße patriotisch zu sein.[102] Der positive Aspekt der amerikanischen Geschichte besteht für ihn darin, dass diese Nation es geschafft hat, auf kluge Art und Weise mit den kritischen Ereignissen umzugehen, die sich als sehr zerstörerisch hätten herausstellen können. Obama nennt diese Ereignisse immer wieder: Der Unabhängigkeitskrieg (1776-83), der seinen Zweck erfüllt hat; der Bürgerkrieg (1861-65), der das Ende der Sklaverei zur Folge hatte; die große Wirtschaftskrise im Jahr 1929, die dank des *New Deal* von Franklin D. Roosevelt überwunden werden konnte; der Angriff auf Pearl Harbor[103], durch den die Amerikaner den Zweiten Weltkrieg gewonnen haben; der Kalte Krieg, der gewonnen wurde, ohne reaktionären Versuchungen erlegen zu sein; die Bürgerrechtsbewegung und schließlich auch die Landung auf dem Mond.

Der ideale Stammbaum

Diese Dialektik zwischen dem Konzept der Sünde und der Liebe zum Vaterland ermöglichte es Obama, Schritt für Schritt einen politisch-ethischen Stammbaum zu zeichnen,

---

[101] Vgl. S. 42 ff.

[102] Vgl. Obama, „Das Amerikanische Versprechen". In: *Inspire a Nation*, S. 88-109.

[103] Am 7. Dezember 1941 bei Sonnenaufgang zerstörte ein Angriff der japanischen Luftwaffe die amerikanische Pazifikflotte in Pearl Harbor, Hawaii. Dieser Angriff erlaubte Roosevelt, einen Großteil der US-Be-

der uns erwähnenswert scheint: Am Anfang stehen natürlich die Puritaner des 17. Jahrhunderts und die „Pilgerväter" an Bord der Mayflower, gefolgt von den Gründungsvätern der Republik. George Washington wird mit besonderer Dankbarkeit erwähnt, da er durch seinen Verzicht auf eine dritte Amtsperiode die Vereinigten Staaten gegen jede monarchisch-autoritäre Versuchung „geimpft" hat. Der Ehrenplatz gebührt jedoch Thomas Jefferson dafür, dass er das Prinzip der Trennung von Kirche und Staat aufrechterhalten hat. Neben ihm erwähnt Obama auch den Baptistenpastor John Leland, der sehr erfolgreich mit Jefferson zusammengearbeitet hat, auf dass dieses vernünftige Prinzip in den ersten Verfassungszusatz aufgenommen werde.[104]

Weitere (wenn auch deutlich kleinere) Zweige dieses Stammbaums werden von Benjamin Franklin sowie Jeffersons Erzfeind, Alexander Hamilton, besetzt.[105] Außerdem werden die Präsidenten John Adams, James Madison, John Quincy Adams und Andrew Jackson erwähnt. Wie wir oben bereits festgestellt haben, wird Abraham Lincoln ebenfalls ein Ehrenplatz zugewiesen und mit ihm beginnt die lange Liste der Männer und Frauen, Weiße und Schwarze, die für die Befreiung der Afroamerikaner gekämpft haben. Hier seien nur einige erwähnt: Denmark Vesey; W. Lloyd Garrison, Gründer der *American Anti-Slavery Society* und gleichzeitig Verfechter der Emanzipationsbewegung der Frauen;

---

völkerung zu mobilisieren und war der Auslöser für den Eintritt der USA in den Zweiten Weltkrieg.
[104] Es handelt sich um die *Bill of Rights* (Charta der Grundrechte), die darüber hinaus noch weitere Grundsätze beinhaltet. Nicht nur Leland, sondern alle baptistischen Kirchen setzten sich entschlossen für die Durchsetzung dieses Prinzips ein und Jefferson, dessen Denken von der Aufklärung bestimmt war, würdigte ihren Beitrag in seinem berühmten Brief an die Gemeinde von Danbury.
[105] Diese Information geht aus den verschiedenen Schriften Obamas, die wir zusammengetragen haben, hervor.

Frederick Douglass, der erste große afroamerikanische Intellektuelle; Harriet Tubman, Fluchthelferin der *Underground Railroad*[106] und natürlich John Brown, den wir alle aus dem Lied kennen *(John Brown's Body*, Marschhymne der Bürgerrechtler).

Unmittelbar danach nehmen die Helden aus dem Kampf um soziale Gerechtigkeit und Bürgerrechte ihren Platz ein: Der Fundamentalist William Jennings Bryan, die Katholiken Cesar Chavez, Dorothy Day und Michael Harrington, darüber hinaus selbstverständlich Rosa Parks und Martin Luther King sowie die Pastoren James Lawson und John Lewis, die sich beide sehr stark im SNCC (*Student Nonviolent Coordinations Committee*) engagierten und die mutigen Aktionen der *Freedom Riders* koordinierten, die in den sechziger Jahren für die Rechte der Schwarzen kämpften und dabei ihr Leben riskierten.

Als guter Politiker fügt Obama natürlich auch zahlreiche Präsidenten des 20. Jahrhunderts in seinen idealen Stammbaum ein (aber nicht alle): Theodore Roosevelt, Woodrow Wilson und in einer (verdienten) Sonderstellung Franklin D. Roosevelt, dessen „vier Freiheiten"[107] er bewegt zitiert. Aufgrund der aktuellen Ereignisse spricht Obama häufig über Harry Truman und seine herausragenden Außenminister und Diplomaten (George Marshall, Dean Acheson, George Kennan), die den Kalten Krieg so geführt haben, dass er nicht zu einem „heißen" Krieg wurde. Über Dwight D. Eisenhower äußert er sich aufgrund seines ehrenhaften Benehmens gegenüber den Bürgerrechtsaktivisten[108] auf sehr respektvolle Weise, doch unter den Präsidenten des 20. Jahrhunderts gilt

---

[106] Vgl. Anm. 57.
[107] Redefreiheit, Religionsfreiheit, Freiheit von Not, Freiheit von Furcht
[108] 1957 schickte Eisenhower das Militär nach Little Rock (Arkansas), um neun schwarze Kinder auf ihrem Weg zur Central High School zu schützen und bis in ihre Klassenzimmer zu begleiten.

seine Bewunderung mehr als allen anderen John F. Kennedy, einem katholischen Linken. Über Jimmy Carter sagte er, dieser sei ein Mann des Glaubens. Er zitiert darüber hinaus auch Lyndon B. Johnson, obwohl er dessen Vietnampolitik nicht gutheißt, und Richard Nixon und Ronald Reagan (auch wenn mir unbegreiflich ist weshalb). Clinton steht selbstverständlich die „Verliererehrung" zu.

Eine genauere Betrachtung dieser Liste unter religiösen Gesichtspunkten kann zu manchem interessanten Ergebnis führen. Die Gründerväter der Republik[109] waren keine irreligiösen Anhänger der Aufklärung, sondern ganz einfach Deisten[110]. Mit Andrew Jackson begann das Zeitalter der *evangelicals*[111]. Sowohl einige Präsidenten als auch fast alle sozialen Aktivisten, Schwarze und Weiße, waren Evangelikale. Die „Kreuzzüge" der Feministinnen und der Abolitionisten wurden fast immer von Evangelikalen (darunter besonders viele Frauen!) angeführt und dies ist etwas, was Oba ma niemals vergisst.

Jeder Präsident des 20. Jahrhunderts war (oder wurde) Mitglied in einer Kirche, während die sozialen Reformatoren – mit Ausnahme natürlich von Martin Luther King und den Anhängern seiner Bewegung – eine tendenziell laizistische

---

[109] George Washington, Thomas Jefferson, Benjamin Franklin, John Adams und Alexander Hamilton

[110] Anhänger einer Vernunftreligion

[111] Auch wenn es aufgrund der Ähnlichkeit der beiden Worte nahe liegen würde, darf der Begriff *evangelical* nicht mit „evangelisch" übersetzt werden, da mit evangelisch „protestantisch" gemeint ist. Dir richtige Entsprechung wäre hier „evangelikal". Im angelsächsischen Sprachraum werden diejenigen Gemeinden als evangelikal bezeichnet, die von den großen religiösen Erweckungen des 18., 19. (und auch des 20.) Jahrhunderts geprägt wurden. Kennzeichnend für Evangelikale sind ihr geistlicher Eifer, ihr puritanisch geprägtes Moralverständnis, ihr starker Missionsdrang und ihre große Liebe zur Heiligen Schrift. Eine Liebe, die jedoch nicht immer fundamentalistische Züge trägt.

Weltanschauung vertraten.[112] Stellt diese Geisteshaltung nun einen Wendepunkt dar, nach dem es kein Zurück mehr gibt, oder ist sie doch nur eine geschichtliche Klammer?

Ein moderner Christ

Für Barack Obama steht zweifelsfrei fest, dass es sich um eine Klammer handelt. Er hat dem Thema der Beziehung zwischen „Gläubigen" und „Nichtgläubigen" in den USA viele Reden und sogar ein ganzes Buch[113] gewidmet. Darin zeichnet er ein Amerika, das in zwei Lager gespalten zu sein scheint: Auf der einen Seite die große Mehrheit der Gläubigen und auf der anderen eine aggressive Minderheit von Nichtgläubigen. Viele sogenannte religiöse Menschen sind der Meinung, dass diejenigen, die nicht an Gott glauben, ein unmoralisches Leben führen. Die Nichtgläubigen hingegen belächeln die Gläubigen fast ein wenig und halten sie für Minderbemittelte oder zumindest für unreife Mitglieder der Gesellschaft, die noch einen langen Weg hin zu intellektueller Reife vor sich haben. Diese Kluft hat auf der politischen Ebene verheerende Auswirkungen: Die Nichtgläubigen wissen nicht, wie sie zum Volk sprechen sollen und der Glaube der Menschen wird von den Konservativen oft „beschlagnahmt" (*hijacked*)[114]. Nun gilt es, diesen Glauben wieder zu

---

[112] Obama benutzt den Begriff *secular*, welcher eindeutiger ist als das aus dem Französischen stammende Wort „laizistisch", das sowohl „Atheismus" als auch „sozialer Fortschritt" bedeuten und daher für Verwirrung sorgen kann. Fast alle Sozialisten waren *secular*, angefangen bei Eugene Debs, doch darüber spricht Obama äußerst selten.

[113] Barack Obama: *La mia fede. Come riconciliare i credenti con una politica democratica.* Marsilio, Venezia 2008.

[114] Der englische Begriff *hijack* wird normalerweise im Zusammenhang mit Flugzeugentführungen und Schiffskaperungen durch Terroristen und Seeräuber gebraucht. Obama hat dieses Sinnbild im Jahr 2007 in

befreien und den Händen der republikanischen Rechten, die ihn missbraucht, zu entreißen.

Obama ist sicherlich genau der richtige Mann für diese Befreiungsaktion. Zunächst einmal, weil er laut Giancarlo Bosetti[115], der das Vorwort zu *La mia fede* verfasst hat, „einen lebendigen und positiven Bezug zur Religion hat"; und zweitens, weil er keine Angst davor hat, öffentlich zu seinem Glauben zu stehen, wenn auch auf sehr nüchterne Art und Weise (doch dies scheint mir keineswegs von Nachteil zu sein).

Das menschliche Leben, sagt er, muss einen Sinn haben. Es kann nicht bloß „eine lange Fahrt auf einer Autobahn [sein], die ins Nichts führt".[116]

In seinen Büchern und Reden finden wir immer wieder Glaubensbekundungen, die auf seinen langen und mühsamen existenziellen Weg hindeuten, den wir zu skizzieren versucht haben. Ich distanziere mich daher von den Äußerungen derer, die behaupten, „dass Obama durch und durch

---

seiner Rede vor der Generalsynode der *United Church of Christ* (UCC, die Kirche, zu der er gehört) verwendet, vgl. S. 123ff. Im Jahr 2008 sagte der Präses der UCC: „Es ist nicht Aufgabe der Kirchen, sich öffentlich zum Wahlkampf zu äußern, doch wir freuen uns natürlich sehr darüber, dass ein Mann wie Obama zum Kandidaten für die Präsidentschaft der Vereinigten Staaten gewählt wurde." Vgl. Mansfield, *The Faith of Barack Obama*, S. 126.

[115] Giancarlo Bosetti ist unter den italienischen Schriftstellern vieleicht derjenige, der die Religiosität Obamas am besten verstanden hat. In einem kürzlich veröffentlichten Buch schreibt er: „Für Obama ist sein Glaube nicht etwas, das nur auf die Intimität seiner Privatsphäre begrenzt ist, und es ist auch kein Glaube, den ein Säkularist beruhigt in der Schublade ‚Zivilreligion' ablegen kann. Sein Glaube ist wirklich Religion und zwar im wahrsten Sinne des Wortes. Obama hat ihn nicht geerbt – es ist der Glaube eines Konvertiten." Giancarlo Bosetti: *Il fillimento dei laici furiosi*. (Das Scheitern der wütenden Säkularisten) Rizzoli, Mailand 2009, S. 137

[116] Vgl. Obama, „Das Amerikanische Versprechen". In: *Inspire A Nation*.

weltlich sei, aus einer weltlich orientierten Familie stamme und vielleicht sogar ein zutiefst überzeugter Atheist sei".[117]

Und ich glaube auch nicht, dass Obama – wie Mansfield behauptet[118] – ein postmoderner Christ ist. Als postmodern könnte man höchstens vielleicht seine Offenheit anderen Religionen gegenüber bezeichnen, aber was den Rest angeht, so würde ich Obama einen modernen Christen, oder besser gesagt, einen modernen Protestanten nennen. Er verurteilt niemals die Aufklärer, sondern ehrt sie als Väter der Nation. Er behauptet sogar, dass der Unabhängigkeitserklärung (die – wie es der Zufall will – von Jefferson verfasst wurde) nur ein einziges historisches Dokument an Bedeutung gleichkomme, und zwar die 95 Thesen Luthers.[119] Wie wir bereits festgestellt haben, stellt er sich offen auf die Seite von Schwulen und Lesben und zwar ganz einfach weil sie Menschen sind, die *Rechte* haben, welche auf der Grundlage jener Verfassung anerkannt werden müssen. Er verteidigt das berühmte Urteil des Ober-

---

[117] Marco D'Eramo: „Obama gattopardo?" (Obama, die Pardelkatze?) [Anspielung auf den Roman *Der Gattopardo* von Giuseppe Tomasi; eine Pardelkatze ist die Parodie eines „richtigen" Leoparden, A. d. Ü.]. In: Micromega 1/2009, S. 110. Immerhin hat auch ein sympathischer atheistischer Publizist wie Christoper Hitchens dasselbe von Martin Luther King behauptet (s. Christopher Hitchens: *Der Herr ist kein Hirte. Wie Religion die Welt vergiftet.* Karl Blessing Verlag, München 2007). Es mag den Leser interessieren, dass Hitchens außerdem der Meinung ist, dass der Widerstand gegen einen militärischen Eingriff im Irak eine riesige „Dummheit" sei; dass Buddha ein Gott sei; dass John Wyclif bei lebendigem Leibe verbrannt wurde; dass der Begriff *auto da fé* („Glaubensakt") gleichbedeutend mit „Foltersitzung" sei; dass Mussolini in Lybien eingefallen sei; dass Ghandi „eine rückschrittliche religiöse Figur" war; dass das nordkoreanische Regime eine „degradierte, doch vollendete Form des Konfuzianismus und des Ahnenkultes" sei und die Diktatur der Roten Khmer in Kambodscha „die eigene Legitimation in Tempeln und prähistorischen Legenden gesucht hatte". Hatte Pol Pots nicht in Paris studiert?

[118] Mansfield, *The Faith of Barack Obama,* S. 52 und 127.

[119] Vgl. Obama, *Hoffnung wagen.*

sten Gerichtshofs im Fall *Roe vs. Wade*[120], weist jedoch deutlich darauf hin, dass ein Schwangerschaftsabbruch nur bis zum dritten Monat durchgeführt werden dürfe und nicht – wie einige fordern – bis zum sechsten, da „ein Fötus mehr als ein Körperteil ist"[121]. Er ist der Meinung, dass sich die Regierung dafür einsetzen müsse, einen Rückgang der Abtreibungen zu erzielen, doch dies solle durch soziale Maßnahmen geschehen und nicht durch juristische.

Solche sozialen Maßnahmen sind mit anderen Worten: die Verbreitung von Verhütungsmitteln (auch in der Dritten Welt[122]), die Förderung von Adoptionen und die Unterstützung junger Mütter etc.

Doch weiter kann der Staat nicht gehen. Es liegt an jedem Einzelnen und an den Kirchen, eine „Ethik der sexuellen Verantwortung" zu verbreiten.

Im Bereich seiner persönlichen ethischen Standards ist Obama besonders streng. Er bestätigt alle Werte, die seiner Mutter so wichtig waren und die sie ihm vermittelt hat (Arbeit, Loyalität, Integrität), doch er zögert auch nicht, die Werte der Familie zu betonen. Diesbezüglich hat er wirklich Glück, denn er lebt (zumindest bis heute) in einer sehr glücklichen Familie: Michelle, Malia und Sasha sind sein emotionales Universum, der „Felsen"[123], auf dem sein Leben auf-

---

[120] Der berühmte Rechtsstreit, in dem der Oberste Gerichtshof den Frauen die Entscheidungsfreiheit bezüglich des Schwangerschaftsabbruchs zugesprochen hat (1973). Vgl. Obama, *Hoffnung wagen*, S. 254.

[121] Vgl. Obama, *Hoffnung wagen*, S. 286.

[122] Kurz nach seinem Wahlsieg hat Präsident Obama die staatliche Förderung (die George W. Bush abgeschafft hatte) für jene Organisationen wieder eingeführt, die die Geburtenkontrolle (*birth-control*) in Ländern der Dritten Welt fördern. Es fließen, nebenbei bemerkt, auch wieder Gelder in die Stammzellenforschung, was ihm scharfe Kritik seitens der katholischen Bischofskonferenz der USA eingebracht hat.

[123] Vgl. Obama, *La mia fede*, S. 60.

baut. Er verheimlicht auch nicht, dass er sich um die amerikanische Familie Sorgen macht, besonders in der schwarzen Community. Man muss mehr Achtung vor Beziehungen und Geschlechtsverkehr haben; man darf keine Frau schwängern und sie dann sitzen lassen (50% der afroamerikanischen Frauen machen diese Erfahrung); man muss sich um die Kinder kümmern, die man in die Welt gesetzt hat und auch den Mut haben, den Fernseher auszuschalten und sie dazu zu zwingen, die Hausaufgaben zu machen.

Im Gegensatz zu einigen katholischen und protestantischen Fundamentalisten hält Obama jedoch den Kampf gegen Abtreibung, die religiöse Erziehung der Kinder und die Verbreitung einer christlichen Weltanschauung nicht für Aufgabe des Staates. Es geht hier um die Einhaltung des ersten Verfassungszusatzes und vor allem auch um die Freiheit der Kirchen, das wussten Thomas Jefferson, ein Denker der Aufklärung, und John Leland, ein Evangelikaler, nur allzu gut.

Glaube und Säkularismus in der Öffentlichkeit

Genau das ist der springende Punkt. Die Spaltung, die sich im 20. Jahrhundert zwischen dem religiösen und dem säkularen Amerika vollzogen hat, kann und darf nicht durch politische Maßnahmen überwunden werden (die Diskussion um Religion in der Schule, das Verbot der Abtreibung etc.), sondern kann nur durch den Dialog gelöst werden. Dieser Dialog existiert jedoch noch gar nicht und muss erst noch angemessen gestaltet werden. Mit dieser Einstellung sorgt Obama jedoch bei seinen säkularen Freunden und den „gemäßigten" Gläubigen für Verärgerung. Vorbei sind die Zeiten, in denen Howard Dean, der von 2005 bis 2009 Vorsitzender der demokratischen Partei war, behauptete, dass man im Wahlkampf vermeiden sollte über die drei „G" zu sprechen: *God, Guns, Gays* (Gott, Waffen, Homosexuelle)[124]. Nein, diese Probleme dürfen nicht einfach übersehen werden. Sie müssen diskutiert werden und zwar in der Öffentlichkeit (dem sog. *public square*).

Obama weist darauf hin, dass die heutige Öffentlichkeit der Stimme der Gläubigen nicht sehr offen gegenübersteht. Zu viele Linksliberale behaupten hartnäckig (und manchmal auch hochmütig), dass Religion sich auf das Privatleben der Einzelnen beschränken sollte, während die amerikanische Geschichte genau das Gegenteil beweist.

Nicht nur Obama, dessen religiöse Äußerungen stets dem Vorwurf des politischen Opportunismus standhalten müssen, ist deswegen besorgt, sondern auch Philosophen wie Stephen Carter und Martha Nussbaum.[125]

Die Gelegenheit, seine Meinung zu diesem Thema zu äußern und öffentlich Stellung zu nehmen, wurde Obama von Jim Wallis geboten, den wir oben schon mehrmals erwähnt haben. Wallis leitet nicht nur die Kommune „Sojourner" und die gleichnamige Zeitschrift[126], sondern auch die Bewegung *Call to Renewal* (Aufruf zur Erneuerung). Diese Bewegung behauptete (und tut dies auch heute noch), dass Amerika neben großen sozialen Reformen auch eine regelrechte ethisch-religiöse Erneuerung dringend brauche. Dieses Bedürfnis wurde nicht nur von der Religiösen Linken (*Religious Left*) verspürt, die sich langsam herausbildete und deren bekanntester Vertreter mittlerweile Obama geworden ist,

---

[124] Vgl. Mansfield, *The Faith of Barack Obama,* S. 142. Der Autor fügt außerdem hinzu, dass Howard Dean in der Zwischenzeit seine Meinung geändert hat.

[125] Vgl. Stephen Carter: *The Culture of Disbelief*. Harper Collins, New York 1993; Martha Nussbaum: *Liberty of Conscience*. Basic Books, New York 2008. Carter ist ein Afroamerikaner und Mitglied in der Episkopalkirche, während Nussbaum, die aus einem protestantischen Elternhaus stammt, zum Judentum konvertierte.

[126] Vgl. Anm. 75.

sondern auch von gemäßigten Evangelikalen, die den rück-
schrittlichen Kurs, den die Bush-Regierung eingeschlagen
und Amerika auferlegt hatte, nicht mehr guten Gewissens
unterstützen konnten. Einige Namen erachte ich in diesem
Zusammenhang als besonders nennenswert: Rick Warren,
bekannter Pastor einer kalifornischen *Mega-Church;* Franklin Graham, Sohn des großen Erweckungspredigers Billy
Graham (Franklin ist weniger konservativ als sein Vater,
auch wenn allgemein das Gegenteil behauptet wird); außerdem der Italo-Amerikaner Tony Campolo sowie T. D. Jakes,
Richard Rizik und viele andere.

Religion und Demokratie

Im Jahr 2006 organisierte *Call to Renewal* eine große Versammlung in Washington, deren Motto und Ziel „Ein Bund
für ein neues Amerika" lautete. Obama wurde eingeladen,
über das Thema „Religion und Demokratie" zu sprechen
und wieder präsentierte er, in gekonnter Obama-Manier, eine Art Grundsatzrede, wie die, die er zwei Jahre zuvor auf
dem Parteitag der Demokraten gehalten hatte.[127] Ganz im
Stil der schwarzen Prediger begann er mit einer kleinen An-
ekdote. Während seiner Kampagne für die Senatorenwahl
im Jahr 2004 hatte sein Rivale Alan Keyes, ein konservativer
Katholik, sich öffentlich über ihn geäußert und gesagt: Herr
Obama darf nicht gewählt werden, weil er kein echter Christ
ist. Im Parlament des Staates Illinois hat er niemals für die
Einschränkung des Rechts zur Abtreibung gestimmt, sondern immer nur für dessen Ausweitung.

Obamas Freunde rieten ihm, der Sache keine Beachtung
zu schenken. Es lohne sich nicht, einer derart reaktionären

---

[127] Vgl. Obama, *La mia fede*, S. 25-40.

Rede zu antworten. Doch Obama entschied sich dafür, ihm zu antworten, und zwar mit den klassischen linksliberalen Argumenten: Man müsse zwischen Glauben und Politik unterscheiden, zwischen privatem und öffentlichem Leben etc. Nach seinem Wahlsieg bereute Obama seine Aussagen jedoch: „Meine Antwort gab dem Einfluss, den der Glaube auf meine Werte und Überzeugungen nimmt, nicht das richtige Gewicht."[128] Er hatte sein Gegenüber also nicht ernst genommen, er hatte keine *Diskussion* mit ihm eröffnet. Doch wenn man das Problem der Beziehung zwischen Religion und Demokratie ernst nehmen will, muss man stets offen für einen Dialog sein, ungeachtet dessen, wer der Gesprächspartner ist.

Es ist nicht immer einfach, diesen Dialog zu gestalten. Es stimmt, dass während der Reagan- und zwei Bush-Regierungen die protestantischen Fundamentalisten so etwas wie die „Sturmtruppen" der konservativen Rechten waren. Und es stimmt auch, dass verschiedene Schichten in der amerikanischen katholischen Kirche offen konservativ sind. Exemplarisch ist hier der Fall Pat Buchanan, der vor einigen Jahren für die Präsidentschaft kandidierte und in aller Offenheit sagte: „Ich bin ein vor-konzilischer Katholik." Andererseits geben sich die *radical-chic* Intellektuellen auch wirklich alle Mühe, die Gläubigen direkt in die Arme der Republikaner zu lotsen: „Es gibt Linksliberale, die in der Öffentlichkeit Religion als zutiefst irrational und intolerant abtun."[129]

Obama sagt, diese radikale Abwertung entspreche weder der geschichtlichen Wahrheit noch der aktuellen Situation. Abraham Lincoln, William J. Bryan, Martin Luther King und Rosa Parks waren weder irrational noch intolerant und die biblischen Zitate, die sie anführten, waren sachbezogen und passten in die damalige Zeit. Und wenn wir an die Gegenwart denken: Wie lässt sich die außergewöhnliche emanzipatorische

---

[128] Obama, *Das Amerikanische Versprechen*, S. 64.
[129] Ebd., S. 65.

Kraft der Kirche der Afroamerikaner (*black church*) erklären? „In ihren historischen Schlachten um Freiheit und Menschenrechte habe ich einen Glauben entdeckt, der mehr ist, als ein Trost für die Notleidenden oder eine Hilfe in der Todesstunde, er ist vielmehr ein aktiver Faktor."[130] Kurzum, Obama lehnt die Ansicht, die Religion sei das „Opium des Volkes", ab, die im 18. Jahrhundert von Baron von Holbach erstmals formuliert und später von Karl Marx wieder aufgegriffen wurde. Der Glaube ist kein Schlafmittel, sondern ein Tonikum! Er kann zwar missbraucht werden, doch auch die Wissenschaft kann missbraucht werden, z. B., um eine Atombombe auf die Japaner abzufeuern. Doch wer würde Einstein die Schuld für die Vernichtung Hiroshimas und Nagasakis geben?

Der erste Verfassungszusatz

Obama ist sich der ständigen Gefahr bewusst, dass Religion für politische Zwecke missbraucht werden könnte. Dieser Gefahr wirkt er durch die Anwendung zweier grundlegender Prinzipien entgegen: die Trennung von Kirche und Staat und das Konzept der *civil religion*[131]. Was das erste Prinzip angeht, so behauptet Obama, dass seine Ansichten sich mit denen von Thomas Jefferson (und Pastor John Leland) decken – und sie tun es tatsächlich. Der erste Verfassungszusatz muss stets mit der allergrößten Sorgfalt eingehalten werden, denn er gewährleistet nicht nur das, was wir in Frankreich und Italien „die Laizität des Staates" nennen, sondern er garantiert außerdem die Freiheit der Kirchen.

Die Aufgabe der Kirchen besteht nämlich nicht darin, sich als Lehrmeister des Lebens aufzuspielen, der für jedes

---

[130] Ebd., S.67.
[131] Unseres Wissens ist Robert Bellah der einflussreichste Experte auf dem Gebiet der *civil religion*.

gesellschaftliche, wirtschaftliche und politische Problem sofort die richtige Lösung parat hat.[132] Vielmehr ist es ihre Aufgabe, *die Menschen zu motivieren*. Das heutige Amerika leidet unter einem großen moralischen Defizit[133]: „Wir haben ein moralisches Defizit", sagt Obama, „wenn erst ein Hurrikan [wie Katrina] unser Land verwüsten musste, damit wir erkennen, dass es Menschen gibt, die hungern und dass Gott uns dazu aufruft, ihnen zu essen zu geben; dass es Kranke gibt und Gott uns dazu aufruft, sie zu heilen; dass es Enterbte gibt und Gott uns dazu aufruft, sie so zu behandeln, wie wir uns selbst behandeln."[134] Ein moralisches Defizit ist aber auch dann gegeben, wenn homosexuelle Männer und Frauen, deren Partner oder Partnerin im Krankenhaus ist, kein Besuchsrecht haben. Es zeugt von einem moralischen Defizit, wenn unsere Gesellschaft unterschwellig von antisemitischen Flutwellen überschwemmt wird. Angesichts dieser Probleme dürfen Religionen keine Lösungen diktieren. Sie sollen die Menschen stattdessen zur *Umkehr* aufrufen und zu ihnen sagen: „Stellt euch nicht dieser Welt gleich, sondern ändert euch durch Erneuerung eures Sinnes." Hier zitiert Obama explizit aus dem Römerbrief (12,2) und fügt dann hinzu: „Wir können es uns nicht mehr leisten, von Lügen, Angst und Hass zu profitieren: Das ist die Mauer, die wir einreißen müssen, bevor es zu spät ist (...) Die Schrift sagt uns, dass wir nicht nach unseren Worten, sondern nach unseren Taten gerichtet werden."[135] „Zur Lösung dieser Probleme werden

---

[132] In diesem Punkt stimmt Obama mit Martin Luther King überein, der in einer Predigt sagte: „Die Kirche muss sich stets bewusst sein, dass sie weder Herrscher noch Diener des Staates ist. Sie soll vielmehr dessen Gewissen sein." Vgl. Mansfield, *The Faith of Barack Obama*, S. 138.

[133] Als Zeichen dieses moralischen Defizits nennt Obama u. a. auch die Tatsache, dass der Chef eines Unternehmens oder einer Bank in zehn Minuten mehr verdient als ein Arbeiter in zehn Monaten.

[134] Vgl. Obama, *La mia fede*, S. 49-51.

[135] Ebd., S. 53f. Wahrscheinlich spielt Obama hier auf das so genannte „Gleichnis vom Weltgericht" an (Matthäus 25,31-46).

politische Veränderungen nötig sein, aber auch Veränderungen in den Köpfen und in den Herzen."[136]

Dieser Gedanke lässt sich ganz eindeutig der jüdisch-christlichen Tradition zuordnen, doch er ist keinesfalls fundamentalistisch und schon gar nicht moralistisch. Das Christentum bietet keine Lösungen für die Probleme unserer Gesellschaft. Sehr wohl gibt es aber Christen, die gemeinsam mit vielen anderen nach geeigneten Lösungen für diese Probleme suchen. Unter diesen „vielen anderen" sind zunächst einmal die Juden, die Obama verteidigt, wo er nur kann. In seiner Nominierungsrede stellt Obama die Frage, warum die Vereinten Nationen den Staat Israel *acht Mal* verurteilt haben und den Sudan (in Bezug auf die Ereignisse in Darfur) *kein einziges Mal*!? Und warum wurden auch die Greueltaten, die in Zimbabwe von der Regierung begangen wurden, *niemals* verurteilt?[137] Obamas Liebe zu Israel ist jedoch keinesfalls blind: Bereits in den ersten Monaten seiner Präsidentschaft hat er sich offen zugunsten der Lösung „zwei Völker – zwei Nationen"[138] ausgesprochen (und damit für ein Ende der jüdischen Besetzung Palästinas). Damit handelte er sich scharfe Kritik von der israelischen Rechten ein, die an eine uneingeschränkte Unterstützung seitens der Bush-Regierung gewöhnt war.

Obamas Position hat keineswegs etwas mit Opportunismus zu tun. Er nimmt die islamische Seite sehr ernst, zum einen, weil er sie als Kind in Indonesien kennengelernt hat und zum anderen, weil er weiß, dass mittlerweile sieben Millionen Muslime integraler Bestandteil der amerikanischen Gesellschaft sind. Dazu gehören arabische und pakistanische Einwanderer sowie Afroamerikaner und Weiße, die zum Islam konvertiert sind.

---

[136] Obama, *Hoffnung wagen*, S. 277.
[137] Vgl. Obama, *Das Amerikanische Versprechen*, S. 32.
[138] S. dazu die Rede, die Obama im Juni 2009 in Kairo gehalten hat (Vgl. Anm. 158).

Obama teilt also nicht die Hoffnung derjenigen, die aus den USA gerne wieder eine „christliche Nation" machen würden. Juden und Muslime, Hindus und Buddhisten haben dasselbe Recht, auf dem *public square* zusammenzukommen, wo sie auf Vertreter des Christen- und Postchristentums treffen, die ebenfalls ihre Vorschläge und Meinungen einbringen. Doch – und das ist ein entscheidender Punkt – die Gläubigen müssen *rational*[139] argumentieren, um ihre Ideen zu stützen, unvermeidliche Kompromisse eingehen und vor allen Dingen dürfen sie sich in keiner Weise auf den „säkularen Arm" des Staates berufen. In Anlehnung an John Leland sagte Obama: „Nur der Irrtum hat es nötig, durch die Regierung gestützt zu werden." Natürlich müssen die nichtreligiösen Intellektuellen endlich damit aufhören, die Gläubigen dazu aufzufordern, ihre Religion zu Hause zu lassen, wenn sie den *public square* betreten möchten. Die religiösen Gemeinschaften hingegen müssen ihrerseits von der Auffassung Abstand nehmen, sie besäßen das Monopol auf Anstand und Moral.[140]

---

[139] Hier denkt Obama, vielleicht ohne es zu wissen, ähnlich wie Jürgen Habermas. Vgl. Elena Bein Ricco: „La democrazia e la sfida del multiculturalismo." (Die Demokratie und die Herausforderung des Multikulturalismus) In: *Protestantesimo* (Protestantismus). 1/2009, S. 75-87. Obamas Meinung wird schließlich auch von bestimmten Entwicklungen in der amerikanischen Kultur gestützt. Auch ein prominenter Philosoph wie John Rawls hatte seine Vorstellung von einer gerechten Gesellschaft und Liberalismus überdacht, um dem Beitrag der religiösen Bewegungen Rechnung zu tragen (Giancarlo Bosetti: *Il fallimento dei laici furiosi.* (Das Scheitern der wütenden Säkularisten) Rizzoli, Mailand 2009, S. 142), natürlich unter der Voraussetzung, dass „die Gläubigen sich bemühen, ihre ethische Botschaft in der Sprache der öffentlichen Vernunft zu vermitteln" (ebd., S. 147). Es scheint mir richtig, darauf hinzuweisen, dass Rawls (der innerhalb der Episkopalkirche aufwuchs) keineswegs antireligiös war und eine hohe Meinung von der protestantischen Reformation hatte.
[140] Vgl. Obama, *Das Amerikanische Versprechen*, S. 71 und *Hoffnung wagen*, S. 276.

Obamas Gedanken sind in direkter Weise mit dem zweiten Prinzip verbunden, auf das er sich beruft, um sowohl das Risiko einer wilden Säkularisierung, als auch die Versuchung des christlichen Integralismus zu umgehen. Es handelt sich um das Prinzip der *civil religion*.[141] Für manche Europäer ist es nicht einfach, dieses Konzept zu begreifen. Wir wollen es dennoch versuchen: Für die Amerikaner bedeutet der Begriff *civil religion* ein lebendiges Miteinander von Überzeugungen und Konventionen, von Riten und Symbolen, die die Demokratie in den Vereinigten Staaten zusammenhalten. Die Überzeugungen entstammen hauptsächlich den christlich-protestantischen Traditionen aus dem angelsächsischen Raum. Dazu gehören die Hoheit des Gesetzes und das *Checks and Balances*-System (System der Gewaltenverschränkung und gegenseitigen Kontrolle zur Aufrechterhaltung der Gewaltenteilung), das seinen Ursprung in der Auffassung von Erbsünde hat: Die Menschen sind Sünder. Folglich müssen sie umso strenger kontrolliert werden, je mehr Macht sie haben.[142]. Auf die Gewaltenteilung wird sehr großen Wert gelegt, was ein wichtiges Erbstück aus der Zeit der Aufklärung ist, die auch die Zeit Jeffersons war.[143] Das enorme Prestige des Obersten Gerichtshofs (der das Ende der Rassentrennung und das Recht zur Abtreibung verkündete) gründet auf ebendiesen Prinzipien der Gewaltenteilung und der gegenseitigen Kontrolle.[144]

---

[141] Vgl. Anm. 131.

[142] Von derselben Annahme ausgehend, gelangte der große Philosoph Thomas Hobbes zu genau umgekehrten Schlussfolgerungen. Ihm gefiel ja schließlich auch die Monarchie ...

[143] Das Prinzip der Gewaltenteilung wurde im 18. Jahrhundert von Montesquieu entwickelt, dessen Werke Jefferson aufmerksam studiert hatte. Montesquieus Ausgangspunkt war allerdings seine hohe Wertschätzung für das politische System Englands.

[144] Um die Wahrheit zu sagen, war der Oberste Gerichtshof nicht immer so *liberal*. Im Jahr 1896 hat er die Rassentrennung durch das lächerli-

Es folgen danach eine scheinbar säkularisierte Version der zehn Gebote und ganz besonders die Dezentralisierung. Die Vereinigten Staaten sind *kein* einheitlicher Staat. Sie sind eine *Einheit* von Staaten, in der jeder Staat eine eigene geschichtliche und kulturelle Individualität besitzt, eine eigene Gesetzgebung und Verwaltung. Man muss nur in die Südstaaten fahren, um sich dessen bewusst zu werden.

Die Gewaltenteilung spiegelt sich auch im Parlament wider.

In Italien muss jeder Gesetzesentwurf – meist in einer sehr langwierigen Prozedur – durch zwei Instanzen: die Abgeordnetenkammer und den Senat. In Amerika sind die Kompetenzen besser zwischen Repräsentantenhaus und Senat verteilt, die im übrigen durch zwei völlig verschiedene Verfahren gewählt werden. An der Spitze dieser komplizierten Pyramide steht ein Mann: der Präsident dieser Union, ein König ohne Krone. Anders als in Europa oft angenommen wird, hat der Präsident nicht *die Macht*, er hat nur mehr Macht als alle anderen. Gleichzeitig ist er das wichtigste Symbol, das das politische Bild Amerikas kennzeichnet (und muss daher auch in seinem Privatleben sehr vorsichtig sein). Weitere Symbole sind die Flagge und die Nationalhymne. Sobald letztere irgendwo ertönt, springen alle Amerikaner auf, egal welcher Hautfarbe, legen die Hand aufs Herz und singen mit (oder hören aufmerksam zu). Aufrecht und mit der Hand auf dem Herzen stehen außerdem auch alle Schülerinnen und Schüler dreizehn Jahre lang Morgen für Morgen, wenn sie der Flagge der Vereinigten Staaten Treue geloben (*allegiance to the flag*).[145] Die Fahne ist in allen öffentlichen Gebäuden ausgestellt und ist

---

che Prinzip des „*separate but equal*" legitimiert und in den 1930er Jahren hat er den Reformvorschlägen von F. D. Roosevelt unzählige Steine in den Weg gelegt. Im Jahr 2000 hat er außerdem die 500 fragwürdigen Stimmen aus Florida für gültig erklärt, die G. W. Bush zum Sieg verholfen haben. Gouverneur des Bundesstaates Florida war übrigens John Ellis „Jeb" Bush, der Bruder des damaligen Präsidenten.

auch sonst fast überall zu sehen: Mitunter auch in vielen Kirchen. Als ich (ein unverbesserlicher Europäer) diesen Brauch kritisierte, antworteten meine amerikanischen Freunde: Wir sind ein Volk, das aus 156 verschiedenen Völkern entstanden ist[146] – wir brauchen ein Symbol der Einheit. Das stimmt zwar, aber die Flagge ist gleichzeitig ein Symbol für Ehre und damit auch für Stolz. Als Armstrong auf dem Mond landete (20. Juli 1969) und die amerikanische Flagge demonstrativ in den Boden pflanzte, sah man sie bald darauf über fast allen amerikanischen Dächern wehen.

Armstrong vollzog damals jedoch noch einen weiteren Akt, der eine hohe Symbolkraft besaß: Er legte eine kleine Goldtafel auf den Boden des Mondes, auf der Psalm 8[147] eingraviert war. Hinter dieser Handlung verbarg sich ein weiteres Symbol der *civil religion*: die Bibel. Seit 220 Jahren schwören die Präsidenten der Vereinigten Staaten bei ihrer Amtseinführung auf die Bibel[148] und sagen anschließend: *So help me God* (So wahr mir Gott helfe). Diese Formel gehört nicht zum eigentlichen Amtseid und ist nicht obligatorisch. George Washington (ein Anhänger der Aufklärung) hat sie freiwillig hinzufügt und von da an wurde sie von allen Präsidenten übernommen.

---

[145] Es hat schon etwas Ironisches: Dieser Treueschwur wurde Ende des 19. Jahrhunderts von einem Baptistenpastor verfasst, der ein Anhänger des *Social Gospel* war. Mit der Zeit wurde er jedoch in eine Bekundung des Nationalstolzes verwandelt: Man hat einfach nur ein paar Worte hinzugefügt.

[146] Walt Whitman sagte: „Wir sind eine Nation der Nationen."

[147] „Herr, unser Herrscher, wie herrlich ist dein Name in allen Landen, der du zeigst deine Hoheit am Himmel! (...) Wenn ich sehe die Himmel, deiner Finger Werk, den Mond und die Sterne, die du bereitet hast: was ist der Mensch, dass du seiner gedenkst, und des Menschen Kind, dass du dich seiner annimmst? (...)"

[148] Natürlich dürfen die jüdischen Parlamentsmitglieder den Eid auf die Heilige Schrift der Juden schwören (das, was wir das Alte Testament nennen) und die muslimischen auf den Koran.

Verstößt das gegen den ersten Verfassungszusatz? Obama sagt nein: „Nicht alle öffentlichen Anrufungen des Namens Gottes sind falsch." Tatsächlich trug die Zeremonie zu seiner Amtseinführung eindeutig religiöse Züge.[149] Wie alle anderen Präsidenten vor ihm, nimmt auch Obama – um es mit den Worten Robert Bellahs[150] auszudrücken – die Rolle des „Papstes" dieser außergewöhnlichen „Zivilreligion" ein.[151]

Auf der Versammlung im Jahr 2006, die wir schon mehrmals erwähnt haben, hatte er erklärt: „Neben meinem tiefen persönlichen Glauben folge ich auch unserer gemeinsamen *civil religion*."[152]

Der Begriff *Glaube* (*faith*) hat hier offensichtlich (oder vielleicht doch eher indirekt) einen mehrdeutigen Charakter: Auf der einen Seite handelt es sich für Obama um eine tiefe Beziehung zu Gott durch den Heiligen Geist auf der Grundlage des Todes und der Auferstehung Jesu Christi. Auf der anderen Seite ist es das unerschütterliche Vertrauen auf die wundervollen Möglichkeiten, die das Leben und die Geschichte uns bieten. Ein Vertrauen, das uns zum Handeln bewegt.[153] Obama ist sogar soweit gegangen zu behaupten: „Ich vertraue auf Gott und das amerikanische Volk."[154]

---

[149] Obama leistete den Eid auf die Bibel von Lincoln, Pastor Rick Warren sprach ein Gebet und der afroamerikanische Pastor Joseph Lowery spendete den Segen. Doch es war auch ein homosexueller Pastor anwesend und – was noch wichtiger ist: An der Spitze der Autokorsos vor dem Präsidenten fuhr der Bus, in dem Rosa Parks (eine fromme Methodistin) sich geweigert hatte, ihren Platz für einen weißen Mann zu räumen, und somit den Anstoß für den Beginn der Bürgerrechtsbewegung gab (1955). Ist etwa auch jener Bus „Opium für das Volk"?

[150] Vgl. Anm. 131.

[151] Die Themen der *civil religion* erscheinen in sehr sachlicher Form in Obamas Rede zur Amtseinführung, die wir im Anhang wiedergegeben haben.

[152] Vgl. Mansfield, *The Faith of Barack Obama*, S. 93.

[153] In diesem Sinne tritt das Wort „Glaube" z. B. auch in den Werken von John Steinbeck auf, einem bekannten Schriftsteller, der während der Roosevelt-Ära lebte.

[154] Vgl. Clerico, *Barack Obama*, S. 152.

Die Blitzlichter des Wahlsiegs
und die Stille des Gebets

Das müssen wir nicht genauso sehen und das tun wir auch nicht. Was Obama am Ende zum Sieg verholfen hat, ist die Tatsache, dass er von seinem Glauben und der *civic religion* durchdrungen war sowie sein ausgeprägter Sinn für Moral.

Seine Wahlkampagne wurde sicherlich durch die Tatsache begünstigt, dass die religiöse Rechte, deren Unterstützung sich Reagan sowie Bush Sr. und Bush Jr. immer sicher sein konnten, nun heftig ins Wanken geriet. Die Gründe für dieses Wanken dürften zumindest ein Schmunzeln hervorrufen: Über einige der „stimmgewaltigsten" Mitglieder des völlig ausgehöhlten Supermarkt-Neopuritanismus gelangten nämlich zahlreiche Drogen- und Sexskandale an die Öffentlichkeit (Jimmy Swaggart, das Ehepaar Bakker und Ted Haggard). Pat Robertson war als Kandidat ausgeschieden, als er sich öffentlich die Ermordung des venezolanischen Präsidenten (und Diktators) Hugo Chávez wünschte und behauptete, dass Ariel Sharon ins Koma gefallen sei, weil er in den außenpolitischen Beziehungen zu Palästina in das Prinzip „*Land for Peace*" eingewilligt hatte.[155] Und als ob das noch nicht genügte, unterstützte der Abtreibungsgegner Robertson nach Kräften einen Politiker, der die Legalisierung der Abtreibung bekanntermaßen befürwortet: Rudolph Giuliani.

Diese Ereignisse haben dazu geführt, dass viele evangelikale Prediger auf Obama aufmerksam wurden und sogar in sein

---

[155] Es handelt sich um das Prinzip, durch das Carter 1978 den Frieden zwischen Israel und Ägypten vermitteln konnte. Israel zog sich aus der Region Sinai zurück und Ägypten hat den Staat Israel anerkannt.

Lager wechselten. Die Atmosphäre hatte sich verändert und so stimmten Millionen fundamentalistische Evangelikale für Barack Obama. Die großen „historischen Kirchen" (Presbyterianer, Episkopalkirchen, Methodisten, Baptisten in den nördlichen Bundesstaaten und die *United Church of Christ*) bewahrten gegenüber Obama eine Art „positive Neutralität", die schwarzen Kirchen unterstützten ihn enthusiastisch und die Mehrheit der Katholiken stimmte für ihn. In den Augen der Menschen war Obama nicht nur ein glaubwürdiger Christ, sondern auch ein glaubwürdiger Vertreter der *civil religion*. Das, was uns Europäern wie ein Gegensatz vorkommen mag, stellte eine der größten Stärken Obamas dar.

Ausgerechnet in seiner Wahlgemeinde, der *Trinity United Church of Christ* in der South Side von Chicago, hat Barack jedoch eine sehr traurige und schmerzhafte Erfahrung machen müssen. Sein geliebter Pastor Jeremiah Wright hat in einigen Predigten die Mehrheit der Weißen dermaßen angegriffen, dass Obama sich gezwungen sah, sich von ihm zu distanzieren und schließlich, nach zwanzig Jahren, die Gemeinde zu verlassen, die ihn an den Glauben herangeführt hatte.[156] Die Zeitungen verkündeten sofort, dass Obama nun zu den vielen *unchurched* gehöre, den Amerikanern „ohne Kirche". In Wahrheit liegen die Dinge anders. Im Gegensatz zu anderen Präsidenten hat sich Barack Obama keinen persönlichen geistlichen Berater erwählt, also das, was wir den „Hofprediger"[157] nennen würden. Da er jedoch immer mehr das Bedürfnis zum Gebet verspürte, bat er *fünf* ganz unterschiedliche Pastoren um Hilfe (Weiße und Schwarze, Män-

---

[156] Dieser Bruch hat jedoch nicht zu persönlichen Auseinandersetzungen zwischen Wright und Obama geführt. Während des Wahlkampfes sagte Pastor Wright: „Barack ist eine großartige Seele."
[157] Der große evangelikale Prediger Billy Graham hatte diese Position über viele Jahre für verschiedene Präsidenten inne.

ner und Frauen, Liberale und Evangelikale). Da diese in verschiedenen Städten leben, treten sie zu einer ausgemachten Uhrzeit per Telefon und Computer miteinander in Kontakt. Sie beten gemeinsam und sprechen miteinander und mit Gott. Sie benutzen während des Betens also die gleiche Technik, die hochrangige Chefs in ihren Konferenzen während des *decision making process* anwenden. Das mag uns „verdrossenen" Europäern vielleicht etwas seltsam erscheinen, die wir das Beten äußerst selten praktizieren oder lieber den Priestern und Pastoren überlassen. Wie dem auch sei, die Anwendung moderner Technologie in diesem Bereich darf uns nicht allzu sehr verwundern: Hat der Präsident in seiner Rede in der Akademie der Wissenschaften nicht gesagt, dass man „eine Kultur der wissenschaftlichen Innovation schaffen und fördern muss" und den Segen Gottes auf die Arbeit der Wissenschaftler herabgerufen? Und haben sie nicht auch aufgrund dieser Äußerungen großen Applaus geerntet?

Komplizierter gestaltet sich für Obama die Suche nach einer neuen Gemeinde. Da er sich großer Beliebtheit erfreut, versammelt sich – wann immer bekannt wird, dass er an einem Gottesdienst teilnehmen wird – bereits um acht Uhr morgens eine riesige Menschenmenge vor der Kirche, um sich einen Platz zu sichern. Das Ergebnis: Wenn die Mitglieder jener Gemeinde nicht mindestens drei Stunden vor Beginn des Gottesdienstes erscheinen, dann können sie sich getrost wieder auf den Heimweg machen. Um diese Unannehmlichkeiten zu vermeiden, beschloss Obama, das Osterfest in der *National Cathedral* in Washington zu feiern, die zwar zur Episkopalkirche (Anglikanische Kirche Amerikas) gehört, aber von Gläubigen verschiedener Kirchen besucht wird. Hier ist jedoch etwas passiert, das Barack, Michelle, Sasha und Malia spirituell zutiefst erschüttert hat: Nach der Predigt reihten sich hunderte von Menschen diszipliniert in die Schlange im mittleren Gang der Kirche ein, um das Abendmahl zu empfangen. Doch als sie an der Bank vorbeikamen, in der die Präsidentenfamilie saß, zückten sie plötzlich die Fotoapparate aus ihren Taschen und fotografierten die Obamas. Die Reaktion von Barack und Michelle war höflich, aber bestimmt: „Wir sind hier, um am Mahl des Herrn teilzunehmen, und nicht, um uns wie Rockstars aufzuführen." Für den Augenblick haben die Obamas beschlossen, den Gottesdienst nur in Camp David zu besuchen, wo sie viele Wochenenden verbringen. Dort gibt es eine kleine Gemeinde, eine kleine Kapelle und einen afroamerikanischen Pastor, also das Nötige, um „Gott im Geist und in der Wahrheit anzubeten", wozu Jesus die Samariterin am Brunnen Jakobs ermahnt hatte (Johannes 4,24).

Es ist nicht unsere Aufgabe, das erste Amtsjahr von Präsident Obama unter religiösen Gesichtspunkten zu bewerten. Wir können jedoch feststellen, dass Barack Obama neben ehrgeizigen Initiativen (gleiche Löhne für Männer und Frauen, Reformvorschlag zum Gesundheitssystem etc.) Frauen in hohe Ämter berufen hat und der politischen Linie treu geblieben ist, die er in seiner Wahlkampagne vorgestellt hatte. Er hat einen linksliberalen Katholiken (Joe Biden) zum Vizepräsidenten ernannt, hohe Regierungsämter an Katholiken und Juden vergeben, eine Hispano-Amerikanerin zur Richterin am Obersten Gerichtshof nominiert und in Kairo[158] den

---

[158] Die Rede, die Obama in Kairo hielt (4. Juni 2009), ist äußerst bemerkenswert: Er spricht fünfmal über Gott, zitiert viermal aus dem „Heiligen Koran", einmal aus dem Talmud und einmal aus der Bergpredigt (Matthäus 5,9). Darüber hinaus zitiert er jedoch auch Jefferson und ganz besonders Lincoln, für den er schon immer eine Vorliebe hatte. Obama würdigt den bedeutenden Beitrag, den die islamische Welt in den Bereichen Kunst, Kultur und Wissenschaften zur Weltgeschichte geleistet hat. Er bestätigt, dass der Islam „stets Teil der amerikanischen

Dialog mit dem Islam gesucht. Er hat sich darum bemüht, eine Lösung des Konflikts mit Palästina auf der Grundlage des Prinzips „zwei Völker, zwei Staaten" zu finden. Als leidenschaftlicher Verteidiger des israelischen Volkes ist er nämlich davon überzeugt, dass dies der einzige Weg sei, den jüdischen Staat zu retten.

Auch wenn es nach außen hin anders erscheinen mag, trägt er seine schwierigsten Kämpfe jedoch an der innenpolitischen Front aus.[159] Es zeichnet sich deutlich ab, dass seine Reformpolitik dieselben Hindernisse überwinden muss, die das Wirken eines seiner größten Vorbilder, F. D. Roosevelt, gebremst (aber nicht zum Stillstand gebracht) haben. Der Kampf wird sogar noch erbitterter als in den dreißiger Jahren.[160] Vor einigen Monaten setzte die Wochenzeitschrift „*Riforma*" (Reform) folgende Überschrift über einen Artikel, den ich über Obama verfasst habe: *Obama steht jetzt*

Geschichte gewesen ist", heute sogar mehr denn je. Ein Symbol dieser Teilhabe ist die Tatsache, dass der erste muslimische Abgeordnete beschlossen hat, den Eid auf ein Exemplar des Korans zu schwören, das zur Bibliothek von Jefferson gehörte. Auf der anderen Seite schreckt der Präsident aber auch vor heiklen Themen nicht zurück, wie z. B. die Religionsfreiheit (die in islamischen Staaten nicht besonders respektiert wird) und die Rechte der Frauen. Seine Meinung zu letzterem Thema ist für einen Linksliberalen wie Obama vielleicht etwas überraschend: Zu den Rechten der Frau muss auch das Recht gehören, ein Kopftuch tragen zu dürfen, wenn es ihr Wunsch ist. Der Präsident lädt abschließend zu einem Dialog auf der Grundlage der „goldenen Regel" ein: Behandle andere so, wie du von ihnen behandelt werden möchtest.

[159] Die Anspielung gilt insbesondere der Gesundheitsreform, die sich in eine vernünftige Richtung zu entwickeln scheint.

[160] Massimo L. Salvadori hat in seinem kürzlich veröffentlichten Buch ein durchweg positives Urteil über das „Phänomen Obama" gefällt: *Democrazie senza democrazia.* (Demokratien ohne Demokratie) Laterza, Roma/Bari/Laterza 2009, S. XIII und 88-94.

vor einer enormen Herausforderung.[161] Dieser Titel schien mir etwas übertrieben, ein typisches Beispiel für den waldensischen Pessimismus.

Doch die Überschrift hatte Recht. Die Herausforderung *ist* enorm. Obama läuft Gefahr, genau wie Truman blockiert zu werden oder sich wie Carter geschlagen geben zu müssen oder wie Lincoln, Kennedy und Martin Luther King ermordet zu werden. Das ist, leider, was zu erwarten ist. Ich habe noch nie für einen amerikanischen Präsidenten gebetet, doch seit dem 20. Januar 2009 tue ich es, manchmal sogar zweimal am Tag. Dieser junge „Mulatte", ein Wahl-Afroamerikaner, beweist uns nämlich gerade, am Ende eines Jahrhunderts, das „von Misstrauen, Verachtung und Verspottung"[162] beherrscht war, dass der Glaube an das „himmlische Vaterland"[163], die Treue zum irdischen Vaterland und die Leidenschaft für Freiheit, Gerechtigkeit und Frieden in einem Zeugnis zusammenkommen können, das immer etwas Relatives und Widersprüchliches sein wird, sich aber manchmal auch als historisch wirksam herausstellen kann: Ein Samen, der früher oder später Frucht bringen wird.

Dieser Ansicht scheint das norwegische Nobelpreis-Komitee zu sein, das Barack Obama den Friedensnobelpreis für das Jahr 2009 verliehen hat, so wie er auch Lech Wałęsa 1983 verliehen wurde, als dieser nur ein mutiger Gegner eines scheinbar unbesiegbaren Staates war (der Jaruzelski-Putsch war 1981).

Viele – Freunde und Feinde – haben über die Verleihung des Nobelpreises gespöttelt, die ihnen etwas verfrüht

---

[161] Vgl. „*Riforma*", 16. Januar 2009, S. 6.
[162] Dieses sinngemäße Zitat stammt aus einem Text von Paul Ricœur, einem evangelischen Philosophen, der mich vor vielen Jahren sehr tief berührt hat.
[163] Hebräer 11,16.

erschien. Andere haben den Norwegern unrechtmäßige Einmischung in amerikanische Angelegenheiten vorgeworfen. Doch wenn die gesamte Welt unter einer Wirtschaftskrise leidet, die in New York ihren Ursprung hat, dann hat auch Norwegen das Recht, seine Meinung zu dem, was in Washington geschieht, zu äußern (und hat es sehr würdevoll getan).

* * *

In diesem Buch haben wir versucht, den spirituellen Weg Barack Obamas nachzuzeichnen, und um dies zu tun, haben wir des Öfteren über Reinhold Niebuhr und den heiligen Augustinus gesprochen. Vielleicht können wir diesen Weg mit einem Satz dieses Kirchenvaters beenden, der für Luther, Calvin, Niebuhr und für viele von uns ein Lehrmeister gewesen ist: *Fecisti Nos, Domine, ad Te et inquietum est cor nostrum donec requiescat in Te.* „Du hast uns zu Dir hin geschaffen, o Herr, und unruhig ist unser Herz, bis es ruht in Dir."[164]

Mit dieser Unruhe, aber auch mit dieser Gewissheit, verabschieden wir uns von unserem Leser.

---

[164] Mansfield (*The Faith of Barack Obama*, S. 60) bedient sich dieses Zitats des heiligen Augustinus, um Barack Obamas Glaubensweg zu beschreiben, der ihn dahin geführt hat, ein überzeugter und praktizierender Christ zu werden.

ANHANG

GRUNDSATZREDE AUF DEM PARTEITAG DER DEMOKRATEN, BOSTON, 27. JULI 2004[165]

Danke. Danke. Danke.

Im Namen des Bundesstaates Illinois, Kreuzungspunkt der Nation, das Land von Lincoln, möchte ich meinen tief empfundenen Dank für das Privileg aussprechen, vor diesem Parteitag sprechen zu dürfen.

Dieser Abend ist für mich eine besondere Ehre, denn – seien wir einmal ehrlich – die Tatsache, dass ich heute hier auf dieser Bühne stehe, wäre noch bis vor Kurzem etwas sehr Unwahrscheinliches gewesen. Mein Vater war ein ausländischer Student, der in einem kleinen Dorf in Kenia geboren und aufgewachsen ist. Als Kind hütete er Ziegen und seine Schule war eine Baracke, die nur von einem Aludach bedeckt war. Sein Vater – mein Großvater – war Koch und arbeitete als Hausangestellter für die Briten.

Doch mein Großvater hatte größere Träume für seinen Sohn. Dank seiner harten Arbeit und seiner Beharrlichkeit erhielt mein Vater ein Stipendium für ein Studium an einem magischen Ort, Amerika, das Land der Freiheit und der unbegrenzten Möglichkeiten, in das bereits viele andere vor ihm gekommen waren.

Während er in Amerika studierte, lernte mein Vater meine Mutter kennen. Sie wurde auf der anderen Seite der Welt ge-

---

[165] Vgl. S. 66ff.

boren, in einer Stadt im Bundesstaat Kansas. Ihr Vater hatte während der Wirtschaftskrise die meiste Zeit auf Ölplattformen und Bauernhöfen gearbeitet. Am Tag nach den Ereignissen in Pearl Harbor[166] meldete sich mein Großvater zur Army. Er wurde Teil von General George Smith Pattons Truppe und marschierte durch Europa. Als er nach Hause zurückkehrte, hatte meine Großmutter nicht nur ihr kleines Mädchen großgezogen, sondern sie arbeitete auch am Montageband für den Bau von Bombenflugzeugen. Nach dem Krieg studierten sie dank des „G. I. Bills"[167] und zogen Richtung Osten, bis sie sich auf Hawaii niederließen.

Auch sie hegten große Träume für ihre Tochter. Ein gemeinsamer Traum, der auf zwei Kontinenten Form angenommen hat.[168] Meine Eltern verband nicht nur eine unwahrscheinliche Liebesgeschichte, sondern auch der feste Glaube an die Möglichkeiten, die diese Nation bietet. Sie gaben mir einen afrikanischen Namen, Barack, „der Gesegnete", in dem Glauben, dass in einem toleranten Amerika der Name eines Menschen kein Hindernis für dessen Erfolg darstelle. Sie stellten sich vor, dass ich die besten Schulen des Landes besuchen würde, auch wenn sie nicht reich waren, denn in einem großzügigen Amerika muss man nicht reich sein, um sein Potential voll ausschöpfen zu können.

Beide sind mittlerweile verstorben. Aber ich weiß, dass sie heute Abend von oben auf mich herabschauen und sehr stolz auf mich sind.[169] Und ich stehe heute hier und bin stolz

---

[166] Vgl. Anm. 103

[167] Dank dieses Gesetzes konnten heimgekehrte Soldaten fast kostenlos studieren.

[168] Obama spielt hier auf die Tatsache an, dass sein Vater ein Afrikaner aus Kenia war und seine Mutter eine amerikanische Weiße.

[169] Anpielung auf den Glauben an das ewige Leben. Für eine Erörterung der Verbreitung dieses Glaubens unter den schwarzen Aktivisten vgl. S. 65.

darauf, dass mein Erbe anders ist, und ich bin mir dessen bewusst, dass die Träume meiner Eltern in meinen zwei wundervollen Töchtern weiterleben. Ich stehe heute hier in dem Bewusstsein, dass meine Geschichte Teil der Geschichte Amerikas ist; dass ich den Menschen gegenüber zu Dank verpflichtet bin, die vor mir hier waren, und dass in keinem anderen Land der Welt eine Geschichte wie meine möglich gewesen wäre.

Ausgemachte Wahrheiten

Wir sind heute Abend hier, um zu bekennen, dass wir eine große Nation sind. Nicht aufgrund der Höhe unserer Wolkenkratzer, der Stärke unserer Armee oder unserer Wirtschaft. Unser Stolz fußt auf einem sehr einfachen Grundsatz, der vor zweihundert Jahren in einer Erklärung zusammengefasst wurde: „*We hold these truths to be self-evident, that all men are created equal, that they are endowed by their Creator with certain unalienable rights, that among these are Life, Liberty and the Pursuit of Happiness.*"[170] („*Wir halten diese Wahrheiten für ausgemacht, dass alle Menschen gleich erschaffen wurden, dass sie von ihrem Schöpfer mit gewissen unveräußerlichen Rechten begabt wurden, worunter sind Leben, Freiheit und das Streben nach Glückseligkeit.*")[171]

---

[170] Aus der Präambel der Unabhängigkeitserklärung der Vereinigten Staaten von Amerika (1776).
[171] Deutsche Übersetzung aus der deutschsprachigen Zeitung „Pennsylvanischer Staatsbote", veröffentlicht am 09. Juli 1776, A. d. Ü.
(Quelle: http://www.dhm.de/magazine/unabhaengig/docs_d.htm, Zugriff am 19.04.2010)

Das ist das wahre Genie Amerikas, der Glaube an einfache Träume, die beständigen kleinen Wunder, z. B., dass wir unsere Kinder abends ins Bett bringen können in dem Wissen, dass sie Nahrung und Kleidung haben und vor Gefahren geschützt sind; dass wir sagen können, was wir denken, ohne dass wir plötzlich ein Klopfen an der Tür hören; dass wir eine Idee haben und ein Geschäft eröffnen können, ohne Bestechungsgeld zu zahlen; dass wir in der Lage sind, am politischen Geschehen teilzunehmen, ohne Angst vor Repressalien haben zu müssen und dass unsere Stimmen gezählt werden – zumindest meistens.

In diesem Jahr sind wir, anlässlich dieser Wahlen, dazu aufgerufen, unsere Werte und unser Engagement erneut zu bekennen, in Bezug auf ihre Umsetzung durchzuhalten und zu prüfen, ob wir dem Erbe unserer Vorfahren und der Verantwortung für künftige Generationen gerecht werden.

Meine amerikanischen Mitbürger, Demokraten, Republikaner, Unabhängige, heute Abend sage ich Ihnen: Es liegt noch viel Arbeit vor uns. Für die Arbeiter, die ich in Galesburg, Illinois, getroffen habe, die ihre Arbeitsplätze verlieren, weil die Firma Maytag nach Mexiko verlegt wird und die nun gezwungenermaßen Mitbewerber ihrer eigenen Kinder geworden sind und zwar für Jobs, die gerade einmal sieben Dollar die Stunde einbringen. Es liegt noch viel Arbeit vor uns für den Familienvater, der seinen Arbeitsplatz verloren hat und mit den Tränen kämpft, weil er nicht weiß, wie er ohne die ohne die Zuschüsse der Krankenversicherung seines Arbeitgebers die 4.500 Dollar im Monat für die Medikamente aufbringen soll, die sein Sohn unbedingt braucht. Es liegt noch viel Arbeit vor uns für die junge Frau aus East St. Louis (und tausend andere wie sie), die die richtigen Noten, die Motivation und den Willen, aber nicht das Geld hat, um aufs College zu gehen.

Bitte verstehen Sie mich jetzt nicht falsch. Die Menschen, denen ich begegne – in kleinen Gemeinden oder in Großstädten, im Café oder im Büro – erwarten nicht, dass die Regierung all ihre Probleme löst. Sie wissen, dass sie hart arbeiten müssen, um voranzukommen und das wollen sie auch tun. Gehen Sie mal in die Vororte von Chicago, die Menschen dort werden Ihnen sagen, dass sie nicht wollen, dass ihre Steuergelder verschwendet werden, weder von der Sozialhilfe, noch vom Pentagon. Gehen Sie in die Innenstädte und die Menschen werden Ihnen sagen, dass die Regierung allein unsere Kinder das Lernen nicht lehren kann; sie wissen, dass dies die Aufgabe der Eltern ist und dass Kinder nichts erreichen werden, wenn wir nicht hohe Erwartungen an sie stellen, den Fernseher ausschalten und endlich mit der Unterstellung aufräumen, dass ein Schwarzer mit einem Buch in der Hand nur die Weißen nachäfft. Die Menschen wissen das.

Die Menschen erwarten nicht, dass die Regierung all ihre Probleme löst, doch tief in ihrem Innern wissen sie, dass eine leichte Prioritätenverschiebung ausreicht, um sicherzustellen, dass jedes Kind in Amerika einen angemessenen Lebensstandard hat und dass die Tore der Möglichkeiten weiterhin für alle offen bleiben.

Sie wissen, dass wir das besser können. Und sie wollen die Wahl haben. In dieser Präsidentschaftswahl bieten wir ihnen diese Wahlmöglichkeit. Unsere Partei hat einen Kandidaten gewählt, der das Beste verkörpert, das dieses Land zu bieten hat: Und dieser Mann ist John Kerry.

John Kerry weiß, was Gemeinschaft, Treue und Einsatz bedeuten, denn diese Ideale haben sein Leben bestimmt. Bei seinem heldenhaften Dienst in Vietnam, während seiner Zeit als Staatsanwalt und Vize-Gouverneur und während seines zwanzigjährigen Dienstes im US-Senat hat er sich voll und ganz diesem Land gewidmet. Mehr als einmal hat er schwierige Entscheidungen getroffen, als er den einfacheren Weg hätte gehen können.

Seine Werte und seine Geschichte verkörpern all das Gute in uns. John Kerry glaubt an ein Amerika, in dem harte Arbeit belohnt wird. Daher gehen Steuervergünstigungen auch nicht an Unternehmen, die die Arbeitsplätze ins Ausland verlagern, sondern an die, die sie zu Hause schaffen.

John Kerry glaubt an ein Amerika, in dem sich alle Amerikaner dieselbe Krankenversicherung leisten können, wie die unserer Politiker in Washington.

John Kerry glaubt an eine unabhängige Energieversorgung, damit wir nicht Geiseln profitgieriger Ölfirmen oder der Sabotage ausländischer Ölfelder werden.

John Kerry glaubt an die verfassungsrechtlichen Freiheiten, um die uns der Rest der Welt beneidet, und er wird nie dazu bereit sein, unsere Grundfreiheiten zu opfern oder den Glauben zu benutzen, um einen Keil zwischen die Menschen zu treiben. Und John Kerry glaubt, dass in einer Welt voller Gefahren Krieg manchmal die richtige Wahl sein kann, aber er sollte niemals die erste Wahl sein.

Vor einiger Zeit habe ich einen jungen Mann namens Shamus in einem Hotel in East Moline, Illinois, kennengelernt. Er war ein gut aussehender Junge, mit hellen Augen und einem freundlichen Lächeln. Er sagte mir, dass er sich bei den Marines gemeldet habe und dass er nächste Woche in den Irak ziehen würde. Und während er erklärte, warum er sich freiwillig gemeldet hatte und über sein absolutes Vertrauen in dieses Land und dessen Entscheidungsträger sprach, über seine Hingabe und sein Pflichtgefühl, dachte ich, dass dieser junge Mann der Sohn ist, den sich jeder von uns wünscht.

Doch dann fragte ich mich: „Dienen wir Shamus genauso wie er unserem Land dient?". Ich dachte an die 900 Männer und Frauen – Söhne und Töchter, Ehemänner und Ehefrauen, Freunde und Nachbarn –, die nicht mehr nach Hause zurückkehren werden. Ich dachte an die Familien, die ich getroffen habe, und die Schwierigkeiten haben, ein geregeltes Einkommen zu erzielen, weil ein geliebtes Familienmitglied nun nicht mehr da ist oder weil der- oder demjenigen bei seiner Rückkehr eine Gliedmaße fehlte oder er zerfetzte Nerven hatte und dennoch kein Geld von der Krankenversicherung bekommt, weil er Reservist war.

Wenn wir unsere jungen Leute an einen gefährlichen Ort schicken, dann ist es unsere feierliche Pflicht, offen über Zahlen zu sprechen und über den wahren Grund, warum wir sie dorthin geschickt haben. Es ist unsere feierliche Pflicht, uns um ihre Familien zu kümmern, während sie weg sind, und um die Soldaten, wenn sie wieder zurück sind. Es ist unsere feierliche Pflicht, niemals ohne ausreichende Truppen in den Krieg zu ziehen, damit wir den Krieg gewinnen, den Frieden sichern und den Respekt der Welt verdienen.

Lassen Sie mich eines ganz deutlich sagen: Wir haben Feinde in der Welt. Diese Feinde müssen gefunden werden. Sie müssen verfolgt werden. John Kerry weiß das. Und genauso wie Lieutenant Kerry nicht gezögert hat, sein Leben zu riskieren, um die Männer zu schützen, die mit ihm in Vietnam gedient haben, so wird auch Präsident Kerry keinen Augenblick zögern, unsere militärische Macht einzusetzen, um Amerika stark und sicher zu erhalten.

John Kerry glaubt an Amerika. Er weiß, dass es nicht ausreicht, wenn nur einige von uns Wohlstand haben. Neben unserem bekannten Individualismus gibt es nämlich noch eine weitere wichtige Komponente in der amerikanischen Geschichte: Die Überzeugung, dass wir alle in einem einzigen

Volk miteinander verbunden sind. Wenn in der South Side von Chicago ein kleiner Junge nicht lesen kann, dann geht mich das etwas an, auch wenn er nicht mein Sohn ist. Wenn ein älterer Mensch seine Medikamente nicht bezahlen kann, weil er zwischen Medikamenten und Miete wählen muss, dann macht das mein Leben ärmer, auch wenn er nicht mein Großvater ist. Wenn eine arabisch-amerikanische Familie verhaftet wird und keinen Anwalt oder gerechten Prozess bekommt, dann ist dies eine Bedrohung für meine bürgerlichen Freiheiten.

Es ist die grundlegende Überzeugung „Ich bin der Hüter meines Bruders"[172], „Ich bin der Hüter meiner Schwester", die dieses Land aufrecht erhält. Das ist es, was es uns ermöglicht, unseren individuellen Träumen nachzugehen, aber auch, uns als eine amerikanische Familie zu sehen.

E pluribus unum.[173] „Aus vielen eins".

Doch auch jetzt, in diesen Stunden, gibt es jene, die uns auseinanderbringen wollen, die Meister der PR-Manipulation, die Opportunisten, die der Maxime folgen, erlaubt sei, was gefällt. Zu ihnen sage ich heute Abend: Es gibt kein liberales und konservatives Amerika. Es gibt die Vereinigten Staaten von Amerika. Es gibt kein schwarzes und weißes Amerika, kein Amerika der Latinos und der Asiaten. Es gibt die Vereinigten Staaten von Amerika.

Den Experten gefällt es, unser Land in rote und blaue Scheibchen zu zerlegen: rot für die Republikaner und blau für die Demokraten. Doch auch ihnen habe ich etwas zu sa-

---

[172] Vgl. 1. Mose 4,9.
[173] Dieses lateinische Motto spielt auf die Gründung der Vereinigten Staaten aus dreizehn unterschiedlichen Kolonien an und wurde bereits sehr früh in das Staatssiegel aufgenommen.

gen: Wir verehren einen „herrlichen Gott" in den blauen Staaten und in den roten Staaten wehren wir uns dagegen, dass die Bundespolizei in unseren Bibliotheken herumschnüffelt. In den blauen Staaten trainieren wir die Kindermannschaften der Little League und, ja, in den roten Staaten haben wir auch schwule Freunde. Es gibt Patrioten, die sich dem Irak-Krieg widersetzt haben und Patrioten, die den Krieg unterstützt haben. Wir sind ein Volk, wir alle leisten das Treuegelöbnis auf die Flagge der Vereinigten Staaten, wir alle verteidigen die Vereinigten Staaten von Amerika.

Am Ende geht es in dieser Wahl genau darum: Beteiligen wir uns an einer Politik des Zynismus oder entscheiden wir uns für eine Politik der Hoffnung?

John Kerry ruft uns zur Hoffnung auf. John Edwards ruft uns zur Hoffnung auf.

Ich spreche hier nicht über blinden Optimismus. Die fast schon gewollte ignorante Haltung, dass das Problem der Arbeitslosigkeit von alleine verschwindet, wenn man es nur nicht beachtet oder dass sich das Problem der Gesundheitsversorgung von selbst löst, wenn man es ignoriert. Das meine ich nicht. Ich spreche von etwas Grundlegenderem; ich spreche von der Hoffnung der schwarzen Sklaven, die um ein Feuer saßen und Lieder über die Freiheit sangen; ich spreche von der Hoffnung der Einwanderer, die sich auf den Weg zu unbekannten Ufern machten; der Hoffnung eines jungen Lieutenants, der mutig am Mekong-Delta patrouilliert; der Hoffnung eines Arbeiterjungen, der es wagt, allen Schwierigkeiten zu trotzen; der Hoffnung eines schlanken jungen Mannes mit einem seltsamen Namen, der fest daran glaubt, dass es in Amerika einen Platz für ihn gibt.

Hoffnung trotz der Widrigkeiten. Hoffnung trotz der Ungewissheit. Die Kühnheit der Hoffnung!

Das ist am Ende das größte Geschenk Gottes an uns, die Grundlage dieser Nation. Der Glaube an das, was man nicht sieht.[174] Der Glaube daran, dass bessere Zeiten vor uns liegen.

Ich bin davon überzeugt, dass wir unsere Mittelschicht unterstützen und den Arbeiterfamilien einen Weg zu neuen Möglichkeiten weisen können.

Ich bin davon überzeugt, dass wir den Arbeitslosen Arbeit geben können, den Obdachlosen Obdach und die Jugendlichen in den Städten Amerikas vor Gewalt und Hoffnungslosigkeit bewahren können.

Ich bin davon überzeugt, dass wir Rückenwind haben und dass wir uns an einem Scheidepunkt in der Geschichte befinden. Wir können die richtigen Entscheidungen treffen und die Herausforderungen angehen, vor denen wir stehen.

Amerika! Wenn du heute Abend dieselbe Energie spürst, die ich spüre, wenn du dieselbe Dringlichkeit spürst, dieselbe Leidenschaft, denselben Optimismus, und wenn wir alle das tun, was wir tun müssen, dann habe ich keinen Zweifel daran, dass sich ganz Amerika – von Florida bis Oregon, von Washington bis Maine – im November erheben wird, wenn John Kerry als Präsident und John Edwards als Vize-Präsident vereidigt werden. Dieses Land wird sich auf sein Versprechen zurückbesinnen und aus dieser langen politischen Dunkelheit heraus wird ein leuchtender Tag erstrahlen.

Ich danke Ihnen. Gott segne Sie. Danke.

---

[174] Vgl. Hebräer 11,1.

REDE VOR DER GENERALSYNODE DER UNITED CHURCH OF CHRIST, HARTFORD (CONNECTICUT), 23. JUNI 2007

Es ist mir eine große Freude, heute hier sein zu dürfen. In letzter Zeit habe ich in vielen Kirchen gesprochen, umso schöner ist es, hier vor dieser Gemeinde zu sprechen, die mir so vertraut ist.[175]

Ich habe erfahren, dass ihr Kosten und Unannehmlichkeiten auf euch genommen habt, um den Veranstaltungsort der Generalsynode zu wechseln, da an dem anderen unbillige Arbeitspraktiken herrschten. Ich freue mich über diesen Entschluss. Er zeigt deutlich, dass ihr in den letzten fünfzig Jahren[176] nichts von eurer Entschlossenheit, wahre Zeugen des Evangeliums zu sein, eingebüßt habt.

Es sind nun einige Monate vergangen, seit ich angekündigt habe, dass ich für die Präsidentschaftswahl kandidieren möchte. In diesen Monaten habe ich Gelegenheit gehabt, mit vielen Amerikanerinnen und Amerikanern im ganzen Land zu sprechen und dabei habe ich bemerkt, dass wir jedes Mal auf dasselbe Thema zu sprechen kamen: Die Menschen hungern nach Veränderung, sie verlangen nach etwas Neuem. Sie sind dazu bereit, eine neue Seite in der Politik aufzuschlagen. Das gilt für den Irak-Krieg genauso wie für die Krise, in der sich unser Gesundheitssystem befindet. Außerdem haben wir ein Schulsystem, in dem – trotz der Slogans – noch zu viele Schülerinnen und Schüler keinen ausreichenden Zugang zu Bildung haben.

---

[175] Obama ist in der Trinity United Church of Christ, in der South Side von Chicago, zum Glauben gekommen und 1985 Mitglied geworden.
[176] Die United Church of Christ wurde 1957 gegründet. Für genauere Informationen vgl. S. 32-34.

Doch ich bin mir auch bewusst geworden, dass die Menschen einen Hunger haben, der tiefer greift; einen Hunger, der über einzelne Probleme hinaus geht. Jeden Tag leben tausende Amerikaner ihr Leben: Sie bringen ihre Kinder in die Schule, fahren zur Arbeit, erledigen die Einkäufe, versuchen, sich an ihre Diät zu halten, mit dem Rauchen aufzuhören – doch sie merken, dass ihnen etwas fehlt. Ihnen wird klar, dass die Arbeit, ihr Vermögen, das ständige Beschäftigtsein und die Vergnügen nicht ausreichen.

Ihnen fehlt ein Ziel, eine „Rahmenerzählung", für ihr Leben. Sie leiden unter einer großen Einsamkeit. Sie brauchen die Gewissheit, dass jemand sie liebt, ihnen zuhört, und dass sie nicht dazu bestimmt sind, einen langen Weg zu gehen, der ins Nichts führt.

Ich kenne diese Unruhe sehr gut, diese Suche nach einem Sinn. Ich bin nicht in einer besonders religiösen Familie aufgewachsen. Mein Vater ist nach Kenia zurückgekehrt, als ich zwei Jahre alt war. Er war zwar als Moslem registriert, weil der Großteil der Bewohner seiner Dorfes Moslems waren, doch als junger Mann beschloss er, als Atheist zu leben. Meine Mutter, deren Eltern nicht praktizierende Baptisten und Methodisten waren, war eine der spirituellsten Personen, die ich kannte. Sie hatte die außergewöhnliche Fähigkeit, Dinge zu schätzen und lebte nach der „goldenen Regel"[177]. Sie behielt jedoch eine gesunde Skepsis gegenüber Religion als Institution – und ich dementsprechend auch.

---

[177] „Behandle andere so, wie du von ihnen behandelt werden möchtest."

Spirituelle Konflikte

Erst nach dem College habe ich die Gelegenheit gehabt, mich mit meinen spirituellen Konflikten auseinanderzusetzen. Ich bin nach Chicago gegangen, um als *community organizer* für eine Gruppe von christlichen Kirchen zu arbeiten, doch was mich eigentlich dorthin geführt hat, war das Bedürfnis, meinem Leben einen Sinn zu geben. Ich wollte Teil von etwas Größerem sein.

Die Bürgerrechtsbewegung hatte mich inspiriert. Ich bewunderte die mutigen jungen Menschen, die mit klarem Blick und aufrechtem Gang in den Bus Richtung Süden stiegen, um dort an Märschen und *Sit-Ins* teilzunehmen und manchmal für die Freiheit sogar mit ihrem Leben bezahlten. Ich war noch zu jung, um mich in dieser Bewegung zu engagieren, doch ich fühlte, dass ich einen kleinen Teil zu diesem Kampf um Gerechtigkeit beitragen konnte, indem ich dabei half, die ärmsten Stadtteile Chicagos wieder aufzubauen.

Wir schreiben das Jahr 1985, ich befinde mich in Chicago und arbeite also mit diesen Vertretern der Kirchen und vielen Laien zusammen, die älter sind als ich. In diesen Menschen erkannte ich einen Teil von mir selbst wieder. Man musste den Menschen nur ein wenig Zeit schenken und ihnen zuhören und man fand heraus, dass jeder einzelne eine tiefe spirituelle Geschichte hatte.[178] Aber auch sie erkannten sich teilweise in mir wieder. Sie sahen, dass ich die Heilige Schrift gut kannte und dass die Werte, die mich antrieben, dieselben waren, die auch sie motivierten. Doch ich glaube, sie bemerkten, dass ein Teil von mir noch unbeteiligt und distanziert war. Ich war ein Beobachter in ihrer Mitte.

---

[178] Im englischen Originaltext heißt es: *a sacred story*.

Allmählich spürte ich, dass mir etwas fehlte und zwar, dass ich ohne einen Anker für meinen Glauben, ohne eine Verpflichtung gegenüber einer bestimmten Gemeinde immer außen vor bleiben würde – und allein.

Einige Pastoren, mit denen ich zusammenarbeitete, kamen auf mich zu und fragten mich, ob ich Mitglied in irgendeiner Kirche sei. „Wenn du Kirchenarbeit leistest, dann wäre es vielleicht hilfreich, wenn du ab und zu auch in die Kirche gehen würdest." Und da dachte ich, dass sie eigentlich Recht hatten. So zog ich eines sonntags eine der wenigen sauberen Jacken an, die ich besaß, und machte mich auf den Weg in die Trinity United Church of Christ auf der 95. Straße in der South Side von Chicago.

Dort hatte ich die Gelegenheit, Pastor Jeremiah Wrights Worten zu lauschen, der eine Predigt mit dem Titel *The Audacity of Hope* (Die Kühnheit der Hoffnung) hielt. Während dieser Predigt lernte ich dank Pastor Wright jemanden kennen, dessen Name Jesus Christus ist. Ich erfuhr, dass es Erlösung für meine Sünden gibt. Ich erfuhr, dass alles, wofür ich zu schwach war, Jesus mit mir gemeinsam schaffen würde, wenn ich ihm vertraute. Langsam wurde mir bewusst, dass Glaube mehr ist, als bloß ein Trost für die Schwachen oder eine Absicherung für die Zeit nach dem Tod. Er ist ein aktiver und spürbarer Faktor in der Welt und in meinem persönlichen Leben.

Dank dieses neuen Verständnisses von Glauben habe ich eines Tages die Kraft gehabt, nach vorne zu gehen und meinen christlichen Glauben zu bekennen.

Es war eine Entscheidung, keine Erweckung. Ich bin nicht „umgefallen", wie es einige tun. Die Fragen, die mich beschäftigten, verschwanden nicht wie durch Zauberhand. Die skeptische Neigung meines Verstandes war ebenfalls nicht plötzlich verschwunden. Aber als ich unter diesem Kreuz in der South Side kniete, spürte ich den Geist Gottes, der mich rief. Ich unterstellte mich seinem Willen und machte es mir zur Aufgabe, seine Wahrheit zu erkennen und seinen Willen zu tun.

Die Werte des Glaubens in die Gesellschaft tragen

Mein spiritueller Weg ist jedoch Teil einer größeren Reise. Die Reise, die jeder auf sich nimmt, der versucht, die Werte seines Glaubens in die Gesellschaft hineinzutragen. Es ist eine Reise, die uns in die Zeit der Gründung unserer Nation zurückführt, als eine Gemeinde, die heute Mitglied der United Church of Christ ist, die *Boston Tea Party*[179] angeregt und dazu beigetragen hat, ein großes Reich in die Knie zu zwingen. Im darauf folgenden Jahrhundert haben Männer und Frauen für Gefängnisreformen gekämpft, gegen Alkoholismus, für die Rechte der Frauen und für öffentliche Schulen. Doch vor allem widmeten sie sich dem Kampf gegen die Sklaverei.

Nach dem Bürgerkrieg setzten sie sich mit den Problemen einer Nation auseinander, die zunehmend industrialisierter wurde, und sie widersetzten sich den Verbrechen gegen die Gesellschaft und den Sünden gegen Gott, die in unseren Fabriken und in unseren *Slums* begangen wurden.

Und als diese Schlachten von anderen übernommen wurden und die Kriege, denen sie sich widersetzt hatten, von anderen geführt und gewonnen wurden, marschierten diese tapferen Soldaten der Gerechtigkeit weiter. Sie standen auf der Edmund Pettus-Brücke in Selma als es Schläge hagelte.

---

[179] Im Jahr 1773 warf eine Gruppe von Bostonern mehrere Ladungen Tee von britischen Schiffen ins Hafenbecken, um gegen zu hohe Zölle zu protestieren. Dieses Ereignis war der Anfang des Unabhängigkeitskrieges, der auch als „amerikanische Revolution" bezeichnet wird.

Sie organisierten Gebetswachen im ganzen Land, als vier Mädchen in der *16th Street Baptist Church*[180] ermordet wurden. Sie jubelten auf den Stufen des Lincoln Memorial, als Martin Luther King sein Gebet für unser Land sprach. Und durch all das trugen sie dazu bei, unsere Nation würdevoller und gerechter zu machen. Den Willen Gottes zu tun ist also ein Faden, der von Anfang an die gesamte amerikanische Politik durchzogen hat. Und es straft diejenigen Lügen, die behaupten, die Trennung von Kirche und Staat in Amerika bedeute gleichzeitig auch, dass der Glaube keinen Platz im öffentlichen Leben haben dürfe. Stellen Sie sich Lincolns Rede bei seiner zweiten Amtseinführung ohne seinen Hinweis auf „das Urteil Gottes" vor; oder die Rede von Martin Luther King *I have a dream* ohne den Ausdruck „alle Kinder Gottes"; oder Kennedys Antrittsrede ohne die Worte: „Gottes Werk hier auf Erden muss wahrlich unser eigenes sein."[181] An all diesen Wendepunkten in unserer Geschichte haben unsere führenden Politiker dadurch, dass sie sich auf eine höhere Wahrheit berufen und einen universellen Glauben angenommen haben, gewöhnliche Menschen dazu inspiriert, Außergewöhnliches zu vollbringen.

Aber irgendwann hörte der Glaube plötzlich auf, etwas zu sein, das uns einte, und wurde dazu missbraucht, uns auseinanderzubringen. Er wurde „zweckentfremdet"[182]. Die Verantwortung liegt teilweise bei den sogenannten Führern der Christlichen Rechten, die nur allzu gern dazu bereit waren, das auszunutzen, was uns getrennt hat. Sie haben jede Gelegenheit wahrgenommen, zu behaupten, dass die Demo-

---

[180] Durch dieses Attentat erlangte die Stadt Montgomery (Alabama) im Jahr 1963 traurige Berühmtheit. Es wurde begangen, um die Anhänger der Bürgerrechtsbewegung abzuschrecken. Natürlich waren die Mädchen, die ermordet wurden, schwarz. Vgl. S. 80.
[181] Englisch: *Here on Earth, God's work must be truly our own.*
[182] Englisch: *hijacked.* Vgl. Anm. 114.

kraten die Werte der evangelikalen Christen gering schätzen und ihre Kirche hassen. Gleichzeitig haben sie im ganzen Land die Vorstellung verbreitet, dass religiöse Amerikaner sich nur um Themen wie Abtreibung, gleichgeschlechtliche Ehen, das Gebet in der Schule und das *Intelligent Design* kümmern. Es gab sogar eine Zeit, in der die *Christian Coalition*[183] beschlossen hatte, die Senkung der Steuersätze für Reiche zu ihrer legislativen Priorität zu machen. Ich weiß ja nicht, welche Bibel die lesen, aber sie stimmt nicht mit meiner Version überein.

Die Probleme der Politik sind moralische Probleme

Ich bin jedoch sehr zuversichtlich, denn meiner Meinung nach erlebt Amerika eine Zeit der Erweckung. Die Menschen versammeln sich um eine einfache Wahrheit: dass wir alle miteinander verbunden sind und dass ich der Hüter meines Bruders bin, der Hüter meiner Schwester.[184] Doch es reicht nicht, an diese Wahrheit zu glauben. Jeder muss seinen Teil dazu beitragen, auf dass sie Wirklichkeit werde. Mein Glaube lehrt mich, dass ich so oft in die Kirche gehen kann, wie ich will und dennoch nicht Gottes Willen tue, wenn ich nicht hinausgehe, um seine Werke zu vollbringen.

Das ist auch der Grund, warum meine Freunde Rick Warren und D. T. Jakes sowie Organisationen wie *World Vision* und *Catholic Charities* ihren enormen Einfluss einsetzen, um Probleme wie Armut, AIDS und den Völkermord in

---

[183] Die *Christian Coalition* wurde von Neofundamentalisten wie dem Pastor Pat Robertson mit dem Ziel gegründet, Einfluss auf die Wähler auszuüben (Wahlkampfunterstützung für Reagan, Bush Sr. und Jr. etc.).
[184] Vgl. 1. Mose 4,9.

Darfur anzugehen. Religiöse Führer, wie meine Freunde Pastor Jim Wallis, Rabbi David Saperstein und Nathan Diament[185], setzen sich für Gerechtigkeit ein und kämpfen für Veränderung. Im ganzen Land engagieren sich Glaubensgemeinschaften für die Einrichtung von Kindertagesstätten, Seniorenheimen und tragen durch viele weitere Projekte zur Erneuerung Amerikas bei.

Dennoch wissen wir, dass unsere Werte nicht nur durch unsere Kirchen, Synagogen, Tempel und Moscheen zum Ausdruck kommen sollen, sondern auch durch unsere Regierung. Denn ob Armut oder Rassismus, Arbeitslosigkeit oder mangelnde Sozialversicherung, Krieg oder Frieden: Die Herausforderungen, vor denen wir stehen, sind nicht bloß ein technisches Problem auf dem Weg zum perfekten Zehn-Punkte-Plan. Es handelt sich um moralische Probleme, die in der Gleichgültigkeit der Gesellschaft und der Gefühlskälte der Menschen verwurzelt sind, d. h. in ihrer Unvollkommenheit. Solange wir nicht alles tun, was als Einzelpersonen oder Gesellschaft in unserer Macht steht, um diese moralischen Probleme zu lösen, wissen wir, dass unsere Nation kein ruhiges Gewissen haben kann.

Unser Gewissen kann nicht ruhen, solange 37 Millionen Amerikaner in Armut leben und von unseren führenden Politikern in Washington sowie von der Medien-Elite vergessen werden. Wir müssen der biblischen Aufforderung nachkommen, uns um „diese geringsten Brüder"[186] zu kümmern und die Armen aus ihrer Verzweiflung zu befreien. Aus diesem Grund habe ich mich dafür eingesetzt, *Earned Income Tax Credits*[187] und Mindestlöhne zu fördern. Wer vierzig Stunden in der Woche arbeitet, sollte nicht in Armut leben.

---

[185] Nathan Diament ist ein Vertreter des Orthodoxen Judentums.
[186] Vgl. Matthäus 25,40+45.
[187] Lohnsubventionen

Wir wissen jedoch auch, dass Regierungsinitiativen nicht ausreichen. Jeder von uns muss tun, was er kann, um den Armen zu helfen. Solange wir das nicht tun, können wir kein ruhiges Gewissen haben.

Unser Gewissen kann nicht ruhen, solange 45 Millionen Amerikaner nicht krankenversichert sind und ein paar weitere Millionen bei dem Versuch, sie zu bezahlen, völlig bankrott gehen. Ich habe mich offiziell dazu verpflichtet, dass es vor Ende meiner ersten Amtszeit als Präsident ein Gesetz geben wird, das jedem amerikanischen Staatsbürger eine Krankenversicherung zusichert. Außerdem sollen die Beiträge, die eine durchschnittliche Familie jährlich in die Versicherung einzahlen muss, um 2.500 US-Dollar gesenkt werden. Das ist keine rein politische oder ideologische Angelegenheit, sondern eine moralische Verpflichtung.

Unser Gewissen kann außerdem solange nicht ruhen, bis wir den Völkermord, der jetzt gerade in Darfur begangen wird, stoppen. Dieses Problem hat Kirchen und Synagogen, Moscheen und Menschen jeder Glaubensrichtung zusammengebracht, um eine Basisbewegung ins Leben zu rufen. Universitäten und Bundesstaaten wie Illinois nehmen an einer Devestitionskampagne teil, um Druck auf die sudanesische Regierung auszuüben und sie dazu zu bewegen, dem Morden ein Ende zu setzen. Das alles reicht noch nicht, aber es bringt uns einen Schritt weiter. Und es ist ein Beweis dafür, was man erreichen kann, wenn gute Menschen mit festen Überzeugungen sich für das einsetzen, woran sie glauben.

Darüber hinaus müssen wir Guantanamo schließen, um zu verhindern, dass unsere Feinde weiterhin gefoltert werden. Diese Methoden stehen nicht im Einklang mit unserem Verständnis von Gerechtigkeit und Fairness. Und sie beleidigen unser Gewissen.

Wir wissen auch, dass unser Gewissen nicht ruhen

kann, solange der Irak-Krieg noch andauert. Ich bin stolz darauf, mich von Anfang an gegen diesen Krieg ausgesprochen zu haben: Ein Krieg, der niemals hätte genehmigt werden und niemals hätte beginnen dürfen.

Ich habe einen Plan, der es unseren Kampftruppen ermöglichen würde, bis zum 31. März nächsten Jahres[188] nach Hause zurückzukehren. Der Präsident hat bezüglich eines ähnlichen Planes von seinem Vetorecht Gebrauch gemacht, doch er wird nicht das letzte Wort haben und wir werden solange nicht aufgeben, bis dieser Krieg ein Ende hat.

Bei dem Irak-Krieg geht es nicht um die Frage der Sicherheit; er stellt uns vielmehr vor ein moralisches Problem.

Die neuen Amerikaner

Es gibt noch ein weiteres Problem, das wir angehen müssen: In Amerika leben zwölf Millionen illegale Einwanderer.[189] Viele von ihnen arbeiten, gehen in die Kirche und tragen zur Wirtschaft unseres Landes bei. Als Kinder Gottes glauben wir an den Wert und die Würde jedes Menschen. Es spielt keine Rolle, woher dieser Mensch kommt oder welche Papiere er besitzt. Wir glauben, dass jeder überall geliebt werden und eine Chance erhalten sollte, zu arbeiten und ein Zuhause für sich und seine Familie aufzubauen.

Als Amerikaner wissen wir jedoch auch, dass diese Nation auf Gesetzen gründet und wir können nicht erlauben, dass diese Gesetze gebrochen werden, wenn jeden Tag mehr als 2.000 Menschen die Grenzen überqueren. Wir dürfen nicht vergessen, dass wir die Pflicht haben, unsere Grenzen zu schützen. Und wir dürfen die begründeten Befürchtungen

---

[188] Also am 31. März 2008.
[189] Englisch: *undocumented immigrants*.

jener Amerikaner nicht ignorieren, für die die illegale Einwanderung besonders besorgniserregend ist, aber nicht, weil sie rassistisch oder xenophob sind, sondern weil sie befürchten, dass durch Schwarzarbeit ihre ohnehin schon niedrigen Löhne weiter sinken werden, während sie bereits nur mit Mühe das nötige Geld für ihre Familien aufbringen können.

Nächste Woche wird dies das Thema einer schwierigen Debatte sein. Es wird nicht einfach sein, einen Konsens oder einen Kompromiss zu finden. Der letzte Versuch, eine Reform des Einwanderungsgesetzes durchzubringen, ist gescheitert. Doch wir dürfen uns vor dieser Verantwortung nicht drücken. Unser Gewissen soll solange nicht ruhen, bis wir nicht nur unsere Grenzen gesichert haben, sondern auch den zwölf Millionen illegalen Einwanderern die Chance gegeben haben, die Staatsangehörigkeit zu erwerben, indem sie eine Strafe zahlen und sich in die Schlange derer einreihen, die auf legalem Weg hierher gekommen sind.

Um das zu erreichen, werden wir Zugeständnisse machen müssen. Das ist der Kompromiss, von dem ich sprach. Was wir auf keinen Fall dürfen, ist einfach wegzusehen; nicht, weil wir um jeden Preis ein Gesetz durchbringen wollen, sondern um uns endlich mit den wirklichen Problemen der Amerikaner und den Hoffnungen aller Brüder und Schwestern zu befassen, die nichts mehr wollen, als ihre eigene Chance, unseren gemeinsamen Traum zu verwirklichen.

Das sind einige der Herausforderungen, die unser Gewissen auf die Probe stellen – als Amerikaner und als Gläubige. Es wird kein Leichtes, diese Herausforderungen anzugehen. In der Welt gibt es wirklich das Böse, Mühsal, Schmerz und Leid und wir müssen demütig bleiben, wenn wir versuchen, sie aus der Welt zu schaffen. Doch wir dürfen Demut niemals als Ausrede vorschieben, um nichts zu unternehmen. Wir dürfen auch nicht die Hindernisse, die wir überwinden müssen, als Entschuldigung für unseren Zynismus missbrauchen. Wir müssen tun, was in unserer Macht steht, in dem Bewusstsein, dass es schwierig ist, und nicht zwischen naivem Idealismus und verbittertem Defätismus hin und her schwanken. Vielmehr müssen wir akzeptieren, dass wir zwar nicht jedes Problem über Nacht lösen können, aber dennoch mit unserem Engagement eine Veränderung herbeiführen[190] können.

Gott spricht auch heute noch

Wir können die Wahrheit erkennen, die das Herzstück der United Church of Christ bildet: Das Gespräch ist noch nicht vorbei, unsere Rollen sind nicht festgelegt. Durch alte Schriften und neue Stimmen spricht Gott auch heute noch zu uns und fordert uns dazu auf, nicht nur unser eigenes Leben, sondern auch die Welt um uns herum zu verändern.

Ich weiß, dass es Evangelikale gibt, die nicht in jedem Punkt mit den Progressisten übereinstimmen, doch sie sind sich darin einig, dass in einer Welt, die im Überfluss lebt, Armut keinen Platz haben darf; dass Hass im Herzen der Gläubigen keinen Platz haben darf; und dass wir verantwortungsvoll mit der Schöpfung des Herrn umgehen müssen. Von der *Willow Creek*-Gemeinde[191] bis zur „jungen Kirche", von der *Southern Baptist Convention*[192] bis zur *National Association of Evangelicals*: Den Menschen wird bewusst, dass die vier Wände einer Kirche zu klein sind für einen großen Gott. Gott spricht auch heute noch.

---

[190] Englisch: *we can still make a difference.*

[191] Willow Creek ist die Kirche von Rick Warren, den wir bereits mehrmals erwähnt haben.

[192] Die *Southern Baptist Convention* hat 16 Millionen erwachsene Mitglieder (Weiße). Sie wird traditionsgemäß als Bastion der amerikanischen Rechten betrachtet.

Ich weiß, dass es Progressisten gibt, die davon überzeugt sind, dass wir den Bereich des religiösen Diskurses nicht verlassen dürfen, wenn wir Amerikanern unsere Hoffnungen und Werte mitteilen möchten. Aus diesem Grund wird im ganzen Land die Stimme von Organisationen hörbar, die sich wieder der religiösen Sprache bedienen möchten, um eine Veränderung herbeizuführen. Gott spricht auch heute noch.

Er spricht zu unseren katholischen Freunden, die eine beständige Ethik des Lebens vertreten, die weit über die Frage der Abtreibung hinausgeht. Eine Ethik, die für Achtung vor dem menschlichen Leben steht, sei es im Irak, in Armenvierteln, in afrikanischen Dörfern oder sogar im Todestrakt.

Diese Freunde sagen mir, dass ihre Diskussion darüber, was es bedeutet, katholisch zu sein, noch andauert. Gott spricht auch heute noch.

Und hier, in unserer United Church of Christ, hören wir von Gott, was es bedeutet, eine einladende Kirche zu sein, eine Kirche, die weiterhin Zeugnis für Christus ablegen will. Die United Church of Christ hört immer noch zu. Und Gott spricht auch heute noch.

„Das Gebot, das ich dir heute gebiete"

Einige von euch haben gehört, dass ich von der „Josua-Generation" gesprochen habe. Ich möchte euch jedoch eine andere Geschichte erzählen, die stattgefunden hat, bevor Mose den „Führungsmantel" auf Josuas Schultern legte.

Es handelt sich um die Geschichte, die in 5. Mose 30 erzählt wird, als Mose mit seinem Gefolge darüber spricht, welche Herausforderungen auf sie warten werden, sobald sie das Gelobte Land ohne ihn erreichen. Der Josua-Generation scheinen diese Herausforderungen schrecklich – und das sind sie auch. Doch Mose sagt zu ihnen: „Denn das Gebot, das ich dir heute gebiete, ist dir nicht zu hoch und nicht zu fern. Es ist nicht im Himmel, dass du sagen müsstest: Wer will für uns in den Himmel fahren und es uns holen, dass wir's hören und tun? Es ist auch nicht jenseits des Meeres, dass du sagen müsstest: Wer will für uns über das Meer fahren und es uns holen, dass wir's hören und tun? Denn es ist das Wort ganz nahe bei dir, in deinem Munde und in deinem Herzen, dass du es tust."[193]

Das ist ein Wort, das oft vergessen oder in zynischen Zeiten abgetan wird. Dieses Wort erinnert uns daran, dass es in unserer Macht steht, diese Welt zu einem besseren Ort zu machen. Denn wir alle können Recht tun und barmherzig sein[194]; wir alle können andere respekt- und würdevoll behandeln; wir können unsere Unterschiede überwinden und uns auf das konzentrieren, was uns eint, um die Herausforderungen zu meistern, die wir alleine nicht angehen können. Das sind die weisen Worte, die Mose seinen Nachfolgern weitergegeben hat. Das ist die Lektion, die auch wir, als Mitglieder einer neuen „Josua-Generation", lernen müssen.

Verpflichten wir uns also einer neuen Art und Weise, Politik zu machen: Einer Politik des Gewissens. Lassen Sie uns Hand in Hand arbeiten: Protestanten, Katholiken, Moslems, Hindus und Juden, Gläubige und Nichtgläubige. Wir werden uns nicht in allen Punkten einig sein, doch wir können verschiedener Meinung sein, ohne ausfallend zu werden.[195]

---

[193] 5. Mose 30,11-14.
[194] Klare Anspielung auf Micha 6,8, den Lieblingsvers von Jimmy Carter, der von Obama gerne zitiert wird.
[195] Englisch: *we can disagree without being disagreeable.*

Wir können unseren Glauben bekennen, ohne um die Trennung von Kirche und Staat fürchten zu müssen, solange wir bedenken, dass wir eine universelle Sprache benutzen müssen, wenn wir vor der Öffentlichkeit sprechen, sodass jeder uns versteht. Wenn wir das schaffen – wenn wir ein gemeinsames Schicksal annehmen können – dann, glaube ich, werden wir nicht nur dazu beitragen, dass Amerika bessere Zeiten bevorstehen; wir werden nicht nur etwas für unsere eigenen Seelen tun, wir werden Gottes Werke hier auf Erden tun. Ich danke Ihnen.

BARACK OBAMAS ANTRITTSREDE, WASHINGTON D. C., 20. JANUAR 2009

Meine Mitbürger: Ich stehe heute hier, demütig angesichts der Aufgabe, die vor uns liegt, dankbar für das Vertrauen, das Sie mir geschenkt haben, und der Opfer gedenkend, die unsere Vorfahren auf sich genommen haben. Ich danke Präsident Bush für seinen Dienst an unserer Nation und für die Großzügigkeit und Zusammenarbeit, die er während der Amtsübergabe gezeigt hat.

Vierundvierzig Amerikaner haben jetzt den Präsidenteneid geschworen. Die Worte wurden gesprochen in den Fluten des Wohlstandes und den friedlichen Wassern des Friedens. Jedoch, gelegentlich wird der Eid auch inmitten sich zusammenbrauender Wolken und wütender Stürme gesprochen. In diesen Momenten hat Amerika nicht nur wegen der Fähigkeiten oder der Vision jener in hohen Ämtern weitergemacht, sondern weil wir, das Volk[196], den Idealen unserer Ahnen und unseren Gründungsdokumenten treu geblieben sind. So ist es gewesen. So muss es auch mit dieser Generation von Amerikanern sein.

Dass wir inmitten einer Krise stecken, ist mittlerweile bekannt. Unsere Nation ist im Krieg gegen ein weitreichendes Netzwerk von Hass und Gewalt. Unsere Wirtschaft ist massiv geschwächt als Folge der Gier und Verantwortungslosigkeit einiger, aber auch als Folge des gemeinsamen Versagens dabei, schwere Entscheidungen zu treffen und die Nation auf ein neues Zeitalter vorzubereiten. Eigenheime sind verloren

---

[196] Hier zitiert Obama die berühmten Worte, die die amerikanische Verfassung einleiten: „Wir, das Volk der Vereinigten Staaten von Amerika ..."

gegangen, Arbeitsplätze wurden abgebaut, Unternehmen zerstört. Unser Gesundheitswesen ist zu teuer, zu viele schaffen unsere Schulen nicht, und jeder Tag beweist aufs Neue, dass die Art und Weise unseres Energieverbrauchs unsere Feinde stärkt und unseren Planeten bedroht.

Dies sind Hinweise auf die Krise, die Daten und Statistiken zu entnehmen ist. Weniger messbar, aber nicht weniger tief greifend ist der Verlust des Vertrauens überall im Land – eine nagende Angst, dass Amerikas Niedergang unvermeidlich ist, und dass die kommende Generation Abstriche machen muss. Heute sage ich Ihnen, dass die Herausforderungen, die vor uns liegen, real sind. Sie sind ernst, und es gibt viele. Sie werden nicht leicht oder kurzfristig zu meistern sein. Aber wisse, Amerika – sie werden gemeistert werden.

An diesem Tag sind wir hier, weil wir die Hoffnung der Furcht vorziehen, Einigkeit in unseren Zielen anstelle von Konflikt und Zwietracht. An diesem Tag kommen wir zusammen, um das Ende belangloser Klagen und falscher Versprechungen auszurufen, der gegenseitigen Beschuldigungen und abgenutzten Dogmen, die viel zu lange unserer Politik die Luft abgeschnürt haben.

Ein Geschenk Gottes

Wir bleiben eine junge Nation, doch nach den Worten der Schrift ist jetzt die Zeit da, abzulegen was kindlich ist.[197] Die Zeit ist gekommen, unseren fortdauernden Geist zu bestärken, unsere bessere Geschichte zu wählen, dieses wertvolle Geschenk, diese noble Idee weiterzutragen, die von Generation zu Generation weitergegeben wurde: Das gottgegebene Versprechen, dass alle gleich sind, alle frei sind, dass alle eine

---

[197] Vgl. 1. Korinther 13,11.

Chance verdienen, ihr volles Maß an Glückseligkeit zu erstreben.[198]

Indem wir die Größe unserer Nation bekräftigen, verstehen wir, dass Größe nie eine Selbstverständlichkeit ist. Sie muss verdient werden. Unsere Reise war nie eine mit Abkürzungen oder der Bereitschaft, mit dem Zweitbesten vorliebzunehmen. Es war kein Weg für die Zaghaften – für jene, die Freizeit der Arbeit vorziehen oder nur die Freuden von Reichtum und Ruhm suchen. Stattdessen waren es die Risikobereiten, die Macher – einige gefeiert, aber viel häufiger Männer und Frauen, die im Verborgenen arbeiteten – die uns den langen, holprigen Weg zu Wohlstand und Freiheit hinaufgebracht haben.

Für uns klaubten sie ihre wenigen Habseligkeiten zusammen und reisten über die Ozeane auf der Suche nach einem neuen Leben.

Für uns plagten sie sich in ausbeuterischen Betrieben und besiedelten den Westen; ertrugen Peitschenschläge und pflügten den harten Boden um.

Für uns kämpften sie und starben an Orten wie Concord und Gettysburg, in der Normandie und Khe Sahn.[199]

Immer wieder haben diese Männer und Frauen gekämpft und Opfer gebracht und gearbeitet, bis ihre Hände wund waren, damit wir ein besseres Leben haben. Sie haben Amerika als etwas gesehen, das größer ist als die Summe unserer individuellen Bestrebungen, größer als all die Unterschiede durch Geburt oder Reichtum oder Interessengruppen.

---

[198] Deutliche Anspielung auf die amerikanische Unabhängigkeitserklärung aus dem Jahre 1776.
[199] Hier spielt Obama auf die Gefechte während des Unabhängigkeitskrieges, des Bürgerkrieges, des Zweiten Weltkrieges und des Vietnamkrieges an. Über letzteren würde ich nur unter Vorbehalt sprechen.

Das ist die Reise, die wir heute fortsetzen. Wir bleiben die wohlhabendste, mächtigste Nation auf Erden. Unsere Arbeiter sind nicht weniger produktiv als vor Beginn der Krise. Unser Geist ist nicht weniger erfindungsreich, unsere Güter und Dienstleistungen nicht weniger gefragt, als sie es vergangene Woche, vergangenen Monat oder vergangenes Jahr waren. Unsere Fähigkeiten bleiben unvermindert. Doch unsere Zeiten, unter uns zu bleiben, engstirnige Interessen zu schützen und unangenehme Entscheidungen zu treffen – diese Zeiten sind ganz sicher vorbei. Von heute an müssen wir uns aufraffen, den Staub abschütteln und wieder mit der Arbeit beginnen, Amerika zu erneuern.

Egal, wo wir hinsehen, es gibt viel zu tun. Der Zustand der Wirtschaft ruft nach raschem, entschlossenem Handeln, und wir werden handeln – nicht nur, um neue Arbeitsplätze, sondern auch, um eine neue Basis für Wachstum zu schaffen. Wir werden die Straßen und Brücken bauen, die Stromnetze und Digitalverbindungen, die unseren Handel fördern und uns miteinander verbinden.

Wir werden der Wissenschaft ihren rechtmäßigen Platz zurückgeben und die Wunder der Technologie nutzen, um die Qualität des Gesundheitswesens zu verbessern und die Kosten zu senken. Wir werden Sonne, Wind und Boden nutzen, um unsere Autos und Fabriken zu betreiben. Und wir werden unsere Schulen, Colleges und Universitäten umbauen, damit sie die Anforderungen eines neuen Zeitalters erfüllen. All das können wir tun. Und all das werden wir tun.

Nun, es gibt einige, die das Ausmaß unserer Zielsetzungen infrage stellen – die anmerken, dass unser System nicht allzu viele große Pläne vertragen kann. Sie haben nur ein kurzes Gedächtnis. Sie haben vergessen, was dieses Land bereits geleistet hat; was freie Männer und Frauen schaffen können, wenn Vorstellungskraft zusammengeht mit gemeinsamen Zielen und der Notwendigkeit von Mut.[200]

Was die Zyniker nicht verstehen, ist, dass der Boden unter ihnen sich verschoben hat – dass die faden politischen Argumente, die uns so lange aufgezehrt haben, nicht länger gelten. Die Frage, die wir uns heute stellen, ist nicht, ob unsere Regierung zu groß oder zu klein ist, sondern ob sie funktioniert – ob sie Familien hilft, Arbeit zu anständigen Löhnen zu finden, eine Krankenversicherung, die sie sich leisten können, eine würdige Rente.

Wo die Antwort Ja lautet, wollen wir weitermachen. Wo die Antwort Nein ist, werden die Programme enden. Und jene von uns, die über die öffentlichen Gelder verfügen, werden zur Rechenschaft gezogen: Sie müssen das Geld vernünftig ausgeben, schlechte Angewohnheiten ändern und unsere Geschäfte bei vollem Tageslicht tätigen – denn nur dann können wir das lebenswichtige Vertrauen zwischen einem Volk und seiner Regierung wiederherstellen.

Die Frage ist auch nicht, ob der Markt eine gute oder böse Kraft ist: Seine Macht, Wohlstand zu schaffen und Freiheit auszudehnen ist unübertroffen, doch die Krise hat uns daran erinnert, dass der Markt ohne wachsamen Blick außer Kontrolle geraten kann – und dass eine Nation nicht lange gedeihen kann, wenn nur die Wohlhabenden bevorzugt werden. Der Erfolg unserer Wirtschaft hing immer schon nicht allein vom Bruttoinlandsprodukt ab, sondern auch von der Reichweite unseres Wohlstands; von unserer Fähigkeit, jedem Willigen eine Chance zu geben – nicht aus Barmherzigkeit, sondern weil es der sicherste Weg zum Gemeinwohl ist.

---

[200] Sehr wahrscheinlich spielt Obama hier auf die Energien an, die zu Zeiten von Präsident F. D. Roosevelt freigesetzt wurden (und vielleicht auch auf den Marshall-Plan).

Die Verfassung

Was unsere gemeinsame Verteidigung angeht, weisen wir die Wahl zwischen unserer Sicherheit und unseren Idealen zurück. Unsere Gründungsväter, die sich für uns kaum vorstellbaren Gefahren ausgesetzt sahen, entwarfen eine Charta, um Rechtsstaatlichkeit und Menschenrechte[201] sicherzustellen, eine Charta, erweitert durch das Blut von Generationen. Diese Ideale erhellen noch immer die Welt, und wir werden sie nicht um der Zweckmäßigkeit willen opfern. Und deshalb an alle anderen Völker und Regierungen, die heute zusehen, an die größten Hauptstädte bis zu dem kleinen Dorf, in dem mein Vater geboren wurde: Ihr sollt wissen, dass Amerika ein Freund jeder Nation und jedes Mannes, jeder Frau und jedes Kindes ist, die eine friedliche und würdevolle Zukunft suchen, und dass wir wieder zur Führung bereitstehen.

Erinnern Sie sich, dass frühere Generationen Faschismus und Kommunismus nicht allein mit Raketen und Panzern überwunden haben, sondern mit stabilen Allianzen und dauerhaften Überzeugungen. Sie haben verstanden, dass unsere Macht allein uns nicht schützen kann oder uns das Recht gibt, zu tun, was wir wollen. Stattdessen wussten sie, dass unsere Macht durch bedachte Anwendung wächst; dass unsere Sicherheit daraus erwächst, dass unser Anliegen gerechtfertigt ist und aus der Kraft unseres Vorbilds, den mäßigenden Eigenschaften von Demut und Zurückhaltung.

Wir sind die Wahrer dieses Erbes. Einmal mehr geleitet von diesen Prinzipien, können wir uns jenen neuen Gefahren stellen, die noch mehr Einsatz fordern – noch mehr Zusammenarbeit und Verständnis der Nationen untereinander.

---

[201] Obama spricht von der Verfassung.

Wir werden verantwortungsvoll damit beginnen, den Irak den Menschen dort zu überlassen und einen hart verdienten Frieden in Afghanistan zu schmieden.

Mit alten Freunden und früheren Feinden werden wir unermüdlich arbeiten, um die nukleare Bedrohung zu verringern und das Schreckgespenst eines sich aufheizenden Planeten zurückzudrängen. Wir werden uns nicht für unseren Lebenswandel[202] entschuldigen und bei seiner Verteidigung nicht wanken, und an all jene, die ihre Ziele durch Terror und das Abschlachten Unschuldiger vorantreiben wollen, wir sagen euch jetzt, dass unser Geist stärker ist und sich nicht brechen lässt; ihr könnt uns nicht überdauern, und wir werden euch besiegen.

Denn wir wissen, dass unser Patchwork-Erbe eine Stärke und keine Schwäche ist. Wir sind eine Nation von Christen und Muslimen, Juden und Hindus – und Nichtgläubigen. Wir sind geformt durch jede Sprache und Kultur aus jedem Winkel dieser Erde. Und weil wir den bitteren Geschmack des Bürgerkriegs und der Rassentrennung geschmeckt haben und aus diesem dunklen Kapitel stärker und vereinter hervorgegangen sind, können wir nicht anders als daran glauben, dass alter Hass eines Tages vorbeigeht; dass die Grenzen zwischen den Gruppen bald verschwinden werden; dass, während die Welt immer kleiner wird, unsere gemeinsame Menschlichkeit sich zeigen wird und dass Amerika seine Rolle spielen muss, um eine neue Ära des Friedens einzuleiten.

---

[202] Englisch: *way of life.*

Die Kraft des Pluralismus

Der muslimischen Welt sage ich, wir suchen einen neuen Weg nach vorn, basierend auf gegenseitigem Interesse und gegenseitigem Respekt. An jene Staatsoberhäupter und Regierungschefs weltweit, die Zwietracht säen wollen oder die Probleme ihrer Gesellschaft dem Westen anlasten – seid versichert, dass euer Volk euch danach beurteilt, was ihr aufbauen könnt – nicht danach, was ihr zerstören könnt. An jene, die mit Hilfe von Korruption und Betrug und das Zum-Schweigen-Bringen anderer Meinungen an ihrer Macht festhalten – seid versichert, dass ihr auf der falschen Seite der Geschichte steht; dass wir aber die Hand ausstrecken werden, wenn ihr bereit seid, eure Faust zu öffnen.

Den Menschen aus armen Ländern versichern wir, gemeinsam mit ihnen zu arbeiten, um ihre Farmen zum Florieren zu bringen und sauberes Wasser fließen zu lassen; ausgezehrte Körper zu ernähren und hungrigen Geist zu nähren. Und an jene Nationen wie unsere, die sich über relativen Reichtum freuen können – wir sagen, wir können uns nicht länger Gleichgültigkeit gegenüber dem Leid außerhalb unserer Grenzen leisten; wir dürfen auch nicht die Ressourcen der Welt aufbrauchen, ohne uns um die Auswirkungen zu kümmern. Denn die Welt hat sich gewandelt, und wir müssen uns mit ihr wandeln.

Während wir den Weg betrachten, der vor uns liegt, erinnern wir uns mit demütiger Dankbarkeit an jene tapferen Amerikaner, die, zu genau dieser Stunde, in weit entfernten Wüsten und Bergen patrouillieren. Sie haben uns heute etwas zu sagen, genau wie es uns die gefallenen Helden, die in Arlington[203] begraben liegen, über die Jahrhunderte zuwispern. Wir ehren sie, nicht nur, weil sie die Wächter unserer

---

[203] Arlington ist der Militärfriedhof in Washington.

Freiheit sind, sondern weil sie den Geist des Dienens verkörpern; eine Bereitschaft, einen Sinn in etwas zu finden, das größer ist als sie selbst. In diesem Moment – einem Moment, der eine Generation bestimmen wird – ist es genau dieser Geist, der in uns allen sein muss.

Denn soviel eine Regierung auch tun kann und muss, so sind es am Ende doch der Glaube und die Entschlossenheit des amerikanischen Volkes, auf die unsere Nation vertraut. Es sind die Güte, einen Fremden aufzunehmen, wenn die Dämme brechen, die Selbstlosigkeit von Arbeitern, die lieber kurzarbeiten als zuzuschauen, wie ein Freund seinen Job verliert, die uns durch unsere dunkelsten Stunden leiten. Es sind der Mut von Feuerwehrleuten, in ein qualmvernebeltes Treppenhaus zu stürmen, genauso wie die Bereitschaft von Eltern, ein Kind großzuziehen, die letztlich über unser Schicksal bestimmen.

Unsere Herausforderungen mögen neu sein. Die Mittel, um sie zu überwinden, mögen neu sein. Doch die Werte, auf denen unser Erfolg fußt – harte Arbeit und Aufrichtigkeit, Mut und Fairness, Toleranz und Neugier, Loyalität und Patriotismus – diese Dinge sind alt. Diese Dinge sind wahr. Sie waren die stillen Kräfte unseres Fortschritts in der Geschichte. Was gefragt ist, ist eine Rückkehr zu diesen Wahrheiten.

Was jetzt von uns verlangt wird, ist ein neues Zeitalter der Verantwortung – die Erkenntnis jedes Amerikaners, dass wir Pflichten haben, uns selbst gegenüber, gegenüber unserer Nation und der Welt, Pflichten, die wir nicht widerwillig auf uns nehmen, sondern erfreut, fest in dem Wissen, dass es nichts Befriedigenderes für den Geist gibt, nichts, das unseren Charakter derart prägt[204], wie alles zu geben für eine schwierige Aufgabe.

---

[204] Englisch: *so defining for our character*.

Eine ungewisse Zukunft gestalten

Das ist der Preis und das Versprechen der Staatsbürgerschaft. Das ist der Ursprung unserer Zuversicht – das Wissen, dass Gott uns dazu aufruft, eine ungewisse Zukunft zu gestalten.[205]

Das ist die Bedeutung unserer Freiheit und unser Credo – darum können Männer und Frauen und Kinder jeder Rasse und jedes Glaubens an der Feier auf dieser großartigen Mall teilnehmen. Darum kann ein Mann, dessen Vater hier vor weniger als 60 Jahren nicht einmal in einem lokalen Restaurant bedient worden wäre, nun vor euch stehen und diesen heiligen Eid schwören.

Lasst uns an diesem Tag daran denken, wer wir sind und wie weit wir es gebracht haben. Im Jahr der Geburt Amerikas, im kältesten aller Monate, kauerte eine kleine Gruppe von Patrioten an den erlöschenden Lagerfeuern am Ufer eines eisigen Flusses. Die Hauptstadt war aufgegeben. Der Feind rückte vor. Der Schnee war blutbefleckt. In einem Augenblick, in dem der Ausgang unserer Revolution am unsichersten war, ordnete der Vater unserer Nation an, dass diese Worte den Menschen vorgelesen werden:

„Lasst es der künftigen Welt gesagt sein (...) dass in den Tiefen des Winters, als nichts als Hoffnung und Tugend überleben konnten (...) die Stadt und das Land, alarmiert von einer gemeinsamen Bedrohung, zusammenkamen, um [dagegen] anzugehen."

Amerika, angesichts der gemeinsamen Bedrohungen in diesem Winter unserer Bedrängnis, lasst uns dieser zeitlosen Worte gedenken. Mit Hoffnung und Tugend, lasst uns wieder den eisigen Strömungen trotzen und aushalten, was im-

---

[205] Englisch: *to shape an uncertain future.*

mer an Stürmen kommen mag. Lasst es von unseren Enkeln gesagt sein, dass wir uns weigerten, diese Reise zu beenden, als wir herausgefordert wurden, und dass wir uns nicht umdrehten oder zauderten und dass wir, den Blick zum Horizont gerichtet und Gottes Gnade über uns, jenes große Geschenk der Freiheit vorantrugen und sie künftigen Generationen wohlbehalten weitergaben.

Danke. Gott segne Sie und Gott segne
die Vereinigten Staaten von Amerika.